LE SIÉGE

DE

BELFORT

Par M. MÉNY

Maire de Belfort, Officier de la Légion d'honneur

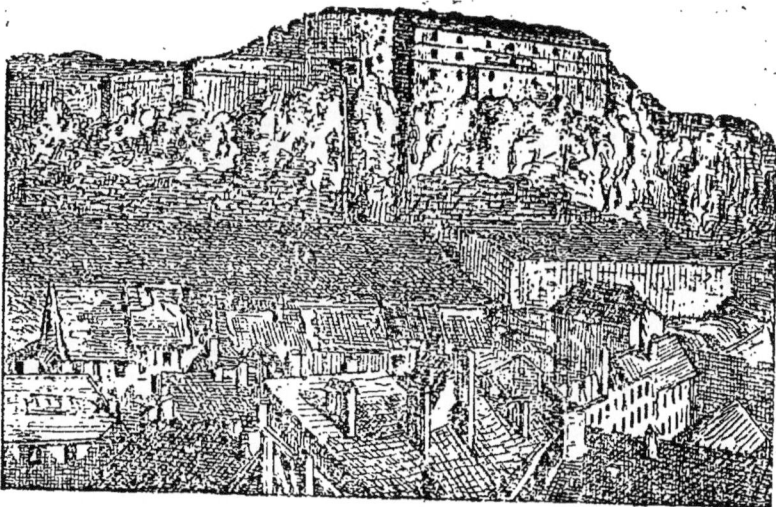

BELFORT

MORLOT, LIBRAIRE-ÉDITEUR

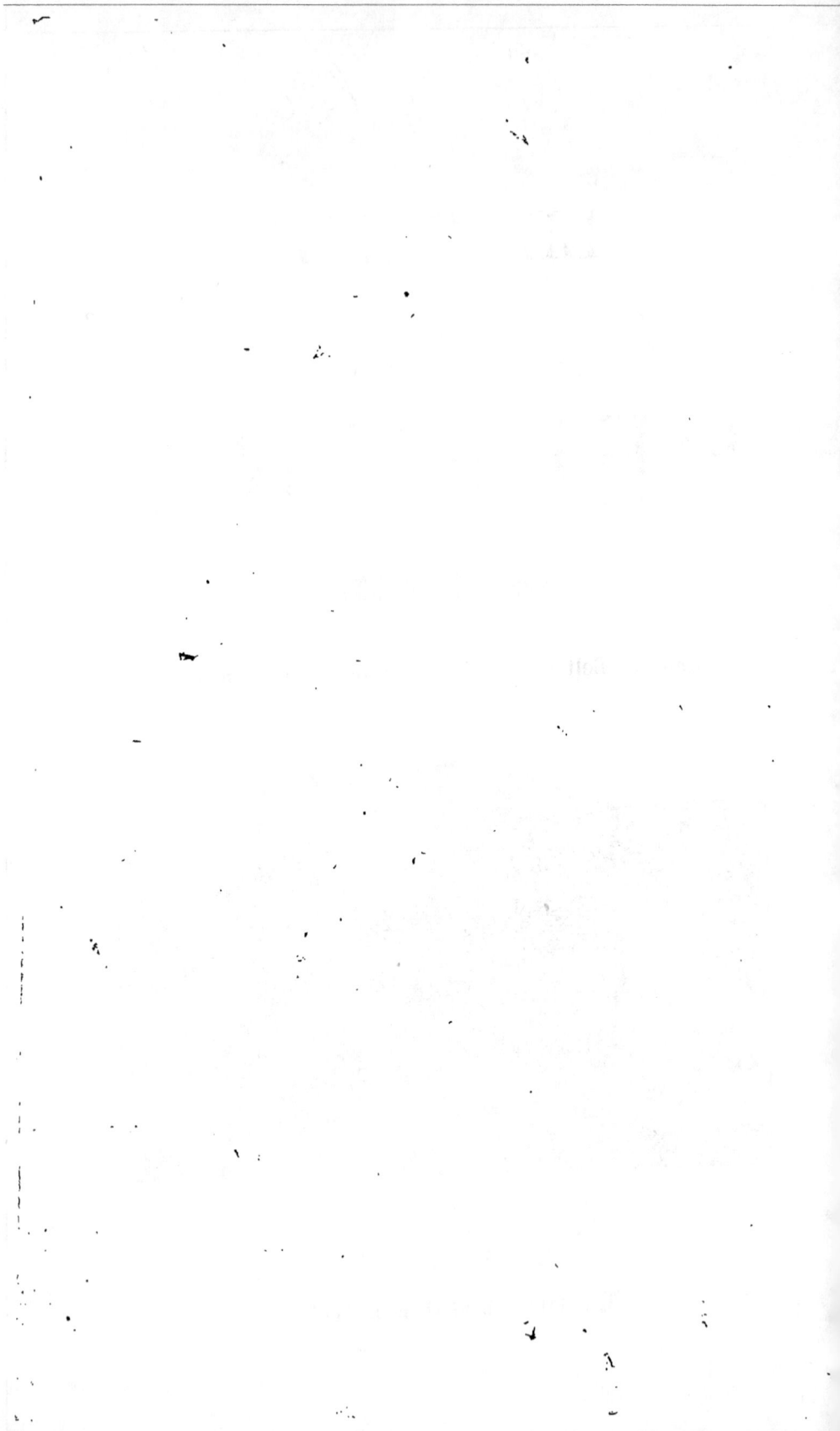

LE SIÉGE

DE BELFORT

LE SIÈGE

DE

BELFORT

1870-1871

PAR

M. MÉNY

Maire de Belfort, Officier de la Légion d'honneur

——oo⟩o⟨oo——

BELFORT

MORLOT, LIBRAIRE

RUE DU PETIT-MARCHÉ

1871

LE SIÉGE

BELFORT

1870-1871

———oo°o°oo———

Et olim meminisse juvabit.
VIRG.

C'est pour la troisième fois, depuis le commencement du siècle, que la Ville de Belfort a eu la glorieuse mission de soutenir un siége.

Le premier, qui commença le 25 décembre 1813, se termina par la capitulation de la ville, signée le 12 avril 1814, entre le lieutenant-général autrichien baron Dreschel, commandant les troupes autrichiennes, et M. le chef de bataillon Legrand, commandant la place.

Le deuxième, qui ne fut véritablement qu'un blocus, ne dura que quinze jours, et prit fin par un armistice signé entre le général autrichien Collorédo et le brave général Lecourbe, qui commandait à Belfort, le 11 juillet 1815, après la nouvelle officielle de la rentrée de Louis XVIII à Paris.

Enfin, le troisième, celui dont nous entreprenons de faire la relation aujourd'hui, et qui a duré du 3 novembre 1870 au 16 février 1871.

L'histoire de ce siége peut être divisée en deux périodes principales et bien distinctes, celle de l'investissement et celle du bombardement.

C'est ainsi que nous procéderons.

Nous exprimons le désir, tout en commençant, que cette relation, composée d'après des documents scrupuleusement authentiques, et qui ne contiendra que des faits et des renseignements que, peut-être mieux que personne, nous avons été à même de vérifier et d'apprécier, puisse instruire aussi bien nos compatriotes que tous ceux qui ont bien voulu, de loin ou de près, s'intéresser au siége de Belfort.

Nous avons également la pensée que notre travail, composé à un point de vue, pour ainsi dire, purement administratif, et dans le but de rendre, telle que nous l'avons jugée, la physionomie, pendant cette période, de notre fière et glorieuse petite ville, pourra peut-être contenir d'utiles documents et enseignements pour l'avenir.

C'est là surtout ce qui nous a engagé à l'écrire.

PREMIÈRE PARTIE

Période de l'investissement et événements qui l'ont précédée.

I.

La déclaration de guerre à la Prusse avait eu lieu le 19 juillet 1870.

Immédiatement après, commencèrent à Belfort les passages de troupes se dirigeant vers Strasbourg. On évalue à plus de 100,000 le nombre des soldats de toutes armes qui traversèrent la gare de cette ville, et qui y ont été fêtés et acclamés par les habitants. Ici, comme partout, grâce à de nombreuses souscriptions, on leur a fait d'importantes distributions de vin et de vivres. Ces distributions avaient lieu à un buffet organisé dans la cour de la gare, par les soins de personnes dévouées, qui passèrent bien des jours et des nuits à attendre les convois qui emportaient, avec tant d'entrain et d'élan, nos braves soldats à la frontière.

Avec quelle émotion profonde chacun de

nous ne voyait-il pas passer, comme dans
un magique tableau, ces fiers régiments,
animés de l'espoir de la lutte prochaine, que
tout nous promettait devoir être triom-
phante et glorieuse pour la Patrie! C'étaient,
un jour, les fiers et brillants cavaliers des
différents corps, cuirassiers, dragons, hus-
sards, chasseurs; puis la calme et im-
posante artillerie conduisant ces canons,
vainqueurs en Italie, et qui devaient, hélas!
être impuissants contre les foudroyants
canons prussiens; une nuit, venaient les in-
trépides zouaves, les terribles turcos, la
figure bronzée par le soleil, les vêtements
déjà couverts de poussière, les armes atta-
chées sur l'épaule, poussant des hourras
sauvages et se précipitant sur les tonneaux
de boisson qui leur étaient servis pour atté-
nuer les effets de l'excessive chaleur de la
saison; enfin, apparaissaient les modestes
et solides fantassins, faisant peu de bruit,
mais promettant, comme toujours, de sur-
monter toutes les fatigues et d'amener, en
fin de compte et pour la plus large part, la
victoire à nos drapeaux.

La population entière de notre Ville se
portait à toute heure aux abords de la gare
pour acclamer cette armée, si vaillante et
dévouée, que nous espérions voir, avant

peu, revenir couverte de gloire, et dont toute la bravoure alla échouer contre la mitraille et les innombrables projectiles ennemis.

Aussi, fûmes-nous terrifiés par ces incroyables nouvelles de nos défaites, qui se succédaient coup sur coup, et qui nous semblaient des mensonges inventés par quelque mauvais génie pour décourager et désespérer nos populations.

Dans notre Ville, surtout, ces fatales nouvelles trouvaient un douloureux écho, car nous savions que la conséquence immédiate de l'invasion du territoire serait le siége de la place, dont la fortification était appelée à mettre un obstacle invincible au passage de l'ennemi. On entrevoyait déjà les conséquences d'un nouveau blocus et d'un bombardement; les souvenirs de 1814 se réveillaient dans les esprits, et, tout en se préparant à résister avec courage, on songeait à mettre à l'abri de ces calamités les enfants, les femmes, les vieillards, qui deviennent les premières victimes et les plus cruels embarras d'une ville assiégée.

Au commencement du mois d'août arriva à Belfort le corps d'armée du général Douai; mais, après avoir essayé d'aller au secours de Strasbourg, et après avoir opéré une retraite en désordre depuis Mulhouse, par suite d'une fausse panique, il quitta notre ville, et fût, hélas! fait prisonnier le 2 septembre à Sedan.

Ce corps, qui était fort d'environ 25,000 hommes, fut campé sur les glacis de la place, au champ de manœuvre, dans le pré Dauphin, sur la route des Vosges, dans la plaine située entre la route de Paris et celle de Lyon, et enfin sur les hauteurs des Perches.

Le gouverneur de Belfort, pendant cette première période, fût le général de Chargère, qui dut céder son commandement au général Cambriel. Ce général ne passa que quelques jours en notre ville et partit pour les Vosges le 5 octobre. Il eut pour successeur le colonel d'artillerie Crouzat, nommé général de brigade, qui fut appelé à Besançon, et fut lui-même remplacé le 19 octobre par M. le colonel du génie Denfert-Rochereau, (ce dernier était, au commencement de la guerre, chef de bataillon, commandant du génie en cette ville depuis six ans). Il est originaire de Saint-Maixent. Voici dans quels termes il annonça sa nomination à la population :

Habitants de Belfort,
Le Ministre de la guerre m'a nommé colonel et m'a

investi du commandement supérieur de la place.
Appelé à succéder à M. le général Crouzat, dont nous
avons tous apprécié le patriotisme, l'énergie et les
grands talents militaires, je ferai tous mes efforts pour
marcher sur ses traces et justifier la confiance dont
le Ministre m'a honoré.

Commandant du génie dans la place depuis plusieurs années, j'en ai étudié les ressources, et je crois
en connaitre la valeur. Les nouveaux travaux exécutés depuis la guerre ont augmenté dans une notable
proportion ses moyens de défense.

Dans la situation où nous sommes tous, citoyens et
soldats, nous n'avons qu'un devoir : Vaincre ou mou-
rir. Ce fût la devise de nos pères en 1792, et ce doit
être aussi la nôtre. J'ai pu apprécier, à plusieurs reprises, le patriotisme des citoyens de Belfort, et je
crois que la France peut compter sur leur dévouement
absolu à la Patrie et à la République.

La proclamation de la République eût
lieu le 4 septembre; elle fût annoncée à
Belfort le même jour par M. le Sous-Préfet,
dans une séance du Conseil municipal, con-
voquée à huit heures du soir à cet effet.

Cette proclamation d'un nouveau gouvernement ne produisit pas, comme à Paris,
l'enthousiasme et l'espoir d'un prompt chan-
gement dans la fortune de nos armes. Pour
quiconque jugeait sans passion et sans illu-
sion la marche des événements, il était évi-
dent qu'après la défaite de notre armée
régulière, il faudrait des prodiges de valeur

et d'activité pour empêcher l'invasion de pénétrer au cœur du pays. Les souverains de l'Europe qui, sous un gouvernement monarchique, se fussent sans doute opposés au démembrement de la France, ne pouvaient voir qu'avec satisfaction les armées allemandes continuer la lutte contre la République et chercher à l'écraser. C'était donc la guerre à outrance et la levée en masse des citoyens appelés à se mesurer, sans préparation d'aucune sorte sous le rapport militaire, contre toutes les forces de l'Allemagne, organisées de longue main, rompues à l'art de la guerre, et centuplées dans leur effet par le prestige de la victoire et une suite de triomphes inouïs propres à porter le courage et l'ivresse dans le cœur du soldat.

Malgré ces funestes causes d'infériorité, nos populations se préparent à résister à l'ennemi ; elles obéissent au mouvement imprimé de Paris par le Gouvernement de la Défense nationale. Les gardes nationales se forment et s'équipent ; des compagnies franches se lèvent et s'arment de tous côtés. On espère le secours de l'Italie et peut-être celui de l'Autriche et de l'Angleterre. Les Républiques d'Amérique doivent venir tendre la main à la République française. En attendant, on nous annonce l'arrivée de Garibaldi, dont, il faut le dire, le prestige était déjà singulièrement diminué. Tout un parti ne voyait même qu'avec répugnance la venue du vieux héros conspirateur, dont la coopération semblait une humiliation de plus pour la France.

Quoi qu'il en soit, Garibaldi arriva dans notre ville le 14 octobre. Il ne quitta pas son wagon à la gare pendant les deux heures de son séjour. Il y reçut le colonel Crouzat, M. Jacquemet, commandant la place, le Sous-Préfet, M. Poizat, et M. Mény, le Maire de la ville. Il harangua la foule qui se pressait nombreuse autour de sa voiture et repartit à cinq heures pour Dôle.

M. Grosjean, Préfet du Haut-Rhin, arriva à Belfort dans les derniers jours du mois d'octobre et resta enfermé dans la place pendant toute la durée du siége pour partager nos dangers.

L'Administration du recrutement militaire se transporta également à Belfort dès le mois d'août, et, nous tenons à constater à la louange des braves Alsaciens, que notre Mairie, seule, reçut 2370 engagements volontaires.

La Direction des lignes télégraphiques

du Haut-Rhin, s'établit aussi en notre ville, et y fût représentée par M. Robert, Inspecteur à Colmar. M. Jouhin, Directeur à Mulhouse, fût chargé de la télégraphie militaire jusqu'à son départ pour Besançon après la malheureuse retraite des Vosges par le général Cambriel.

Le commandement de la gendarmerie passa également de Colmar à Belfort.

En un mot, on peut dire que, pendant cinq mois, la ville de Belfort fût en réalité le chef-lieu du département du Haut-Rhin, et que la Mairie eut à en supporter seule toutes les attributions et toutes les fatigues.

Toutefois, sur la demande du Maire, M. le Préfet du Haut-Rhin prévoyant le cas où les communications pourraient être interrompues entre la ville et les faubourgs, désigna, conformément à la loi du 21 mars 1831, M. Juteau, Conseiller municipal, Adjoint spécial pour les faubourgs, chargé d'y remplir les fonctions d'Officier de l'État civil.

C'est M. Juteau, en effet, qui reçut, en cette qualité, les déclarations d'actes d'État civil des faubourgs à partir du 7 décembre 1870 jusqu'au 15 février 1871 inclusivement. Les déclarations de décès pendant cette période s'y sont élevées à 74.

Il avait choisi comme Secrétaire M. Gaston Georges qui, comme lui, se dévoua constamment à cette fonction.

Nous ajoutons, en ce qui concerne la Mairie, à la louange de la municipalité et des employés, et notamment de M. Duquesnoy, secrétaire de ladite Mairie, que, pendant toute la durée du siége, et même dans les journées les plus dangereuses, il n'y eut jamais interruption dans aucun service, et ce, bien que par suite des nombreux désastres survenus dans les bâtiments de l'Hôtel-de-Ville, les bureaux aient dû être transportés d'abord dans le greffe du Tribunal civil, et ensuite, pendant les derniers jours du bombardement, après qu'un obus eût éclaté au milieu de ce greffe, dans un des caveaux de la Mairie.

II.

La capitulation de Strasbourg avait eu lieu le 27 septembre et avait produit une douloureuse sensation dans tous les cœurs français; cependant rien n'indiquait encore à cette époque que Belfort dût être immédiatement assiégé.

Mais, après la capitulation de Metz, arrivée le 27 octobre, il n'y eut plus de doute pour personne que notre tour allait arriver,

En effet, dès le 5 novembre, commença l'investissement de la place.

Avant de rendre compte de cette période du siége, nous croyons devoir faire connaître certains documents et la situation de la place à cette époque.

Dès le 18 août, le Maire avait reçu de la poste venant de Bâle, la circulaire suivante :

APPEL ET AVIS AUX ALSACIENS.

Alsaciens,

Je dois vous adresser quelques paroles sérieuses.

Nous sommes voisins. Nous avons, durant la paix, entretenu d'amicales relations.

Nous parlons la même langue.

C'est à vous que j'en appelle. Laissez parler votre cœur, écoutez la voix de l'humanité.

L'Allemagne est en guerre avec la France, guerre que l'Allemagne n'a pas voulue.

Nous avons été obligés d'entrer dans votre pays. Mais, toute vie, toute propriété que nous pourrons épargner, nous considérerons cela comme un bonheur que la religion et la civilisation bénissent.

Nous sommes en guerre. Qu'on se batte soldat contre soldat, alors c'est le combat loyal.

Le citoyen privé, l'habitant des villes comme celui des villages, nous voulons l'épargner. Nous maintenons la discipline militaire.

De votre côté, nous devons espérer, et c'est une chose sérieuse que je vous demande, que les habitants

de ce pays s'abstiennent de touté hostilité ouverte ou
déguisée.

A notre grand regret, des excitations, des brutalités et même des cruautés nous ont forcés de nous
faire justice.

Donc, j'attends que les Maires, les Curés et les
Maîtres d'école agissent sur leurs communes, que
les pères de famille agissent sur les leurs, pour que
personne ne montre d'hostilité envers nos soldats.

Chaque malheur qui peut être évité est une bonne
action aux yeux du Juge Suprême, qui voit tous les
hommes.

C'est une exhortation. C'est un avertissement, ne
l'oubliez pas.

Le commandant de la division badoise,
lieutenant-général,

De BEYER.

P.-S. J'ordonne que ce présent avis soit affiché
aux Mairies de chaque ville et de chaque village, et
il sera bon qu'on le fasse parvenir aux Mairies voisines.

On ne pourrait que rendre justice à la
modération de ce langage, malgré sa tournure germanique et mystique, si, malheureusement, des faits de rigueur inutiles
ne fussent bientôt venus le démentir.

État des forces de la place au 3 novembre 1871

Nous sommes en mesure de donner ici un état exact des forces de la place au 3 novembre, date de son investissement.

Forteresses. — Leurs Commandants.

I.

La Ville était défendue par sept forts, dont trois existant depuis longtemps. Le Château, la Miotte et la Justice, ces deux derniers séparés par le Camp retranché.

Le fort des Barres, construit à l'ouest de la Ville, n'était pas encore complétement achevé.

Le fort de Bellevue et les deux forts des Hautes et Basses-Perches avaient été élevés à la hâte depuis la déclaration de guerre. Les épaulements n'en étaient pas, en général, assez élevés, au dire des hommes compétents.

Enfin, on avait, depuis la même époque, entouré les faubourgs d'une enceinte extérieure aboutissant de la maison Grille, faubourg des Ancêtres, à l'Hôpital militaire, faubourg de Montbéliard, en passant derrière le quartier de cavalerie, et en deçà de la maison Lebleu, faubourg de France.

Le chef de bataillon Chapelot, commandait la Justice;

Le capitaine d'artillerie de Sailly, la Miotte;

Le lieutenant-colonel Fournier, le camp retranché;

Le commandant Chabaud, les Barres;

Le capitaine du génie Thiers, Bellevue;

Le capitaine du génie Brunetot, les Basses-Perches;

Le commandant Gély, les Hautes-Perches;

Le lieutenant-colonel Rochas, le Château.

Ajoutons que le lieutenant-colonel des Garets fut chargé de la défense de la gare;

Le lieutenant-colonel Marty, de la défense des faubourgs;

Le chef d'escadron Rohr, commandant l'artillerie de la ville et de l'Ouvrage à cornes;

Et enfin M. le chef d'escadron Montrond, commandant l'artillerie des faubourgs.

Garnison.

II.

La garnison de la place au 3 novembre

était de 16,000 hommes et de 357 officiers, non compris la garde nationale.

Cette garnison se composait notamment :

1° D'un bataillon du 84e de ligne, commandant Chapelot ;

2° Du dépôt du 45e de ligne, commandant Gelly ;

3° Des 16e et 65e régiments provisoires du Rhône et de Saône-et-Loire, colonels des Garets et Rochas ;

4° Du 57e régiment provisoire de la Haute-Saône, colonel Fournier ;

5° Du 35e régiment de marche, commandé par le lieutenant-colonel Marty ;

6° 4e bataillon de marche (Haute-Saône), commandant Chabaud ;

7° Un bataillon de Saône-et-Loire, commandant Artaud ;

8° Trois compagnies du Haut-Rhin (dépôt des trois bataillons de mobiles de ce département), capitaine Ottmann ;

9° Deux compagnies de mobiles des Vosges et deux compagnies de francs-tireurs ;

10° De 1° quatre batteries du 12e d'artillerie;

2° Une batterie du 7e, commandée par M. le capitaine de la Laurencie, blessé pendant le siége ;

3° Trois batteries d'artillerie de la mobile

du Haut-Rhin, commandant Rohr, capitaines Deffayet, Vallet et Palangié ;

4° Et de deux batteries de la mobile de la Haute-Garonne, commandant de Montrond.

Toutes ces batteries, représentant un effectif de 1,500 hommes, dans lesquels se trouvaient compris les artilleurs de la batterie volante commandée par le capitaine Verchère.

11° De deux compagnies fortes de 240 hommes de gardes mobilisés du Haut-Rhin. Capitaines : M. Stainacre, de Belfort, et M. Gustave Bornèque, de Bavilliers ;

12° Du bataillon de garde nationale sédentaire divisé en cinq compagnies, fort de 750 hommes; son commandant était M. Pigalle, ancien capitaine de cavalerie;

13° Et enfin d'une batterie de la garde nationale sédentaire, forte de 77 hommes et commandée par M. Clerc, capitaine.

Il y eut encore : quelques brigades de gendarmerie et une compagnie de douaniers, forte ensemble de 250 hommes.

Et à peine 200 chevaux, tant pour les escortes que pour le transport des vivres et des munitions.

Le commandant du génie était M. le chef de bataillon Chapelain.

Celui de l'artillerie, M. le commandant Bouquet.

Les officiers du génie étaient :

MM.

Degombert, tué à l'affaire de Danjoutin ;

Journet, tué à l'affaire des Perches ;

Thiers, commandant le fort de Bellevue ;

Brunetot, commandant les Basses-Perches ;

Choulette, ingénieur des mines, faisant fonction de capitaine du génie, tué ;

Kraft, ingénieur des ponts-et-chaussées, remplissant les mêmes fonctions au fort de la Justice ;

Et M. Bornèque, capitaine du génie de la mobile, chargé de la direction de la fonderie.

Constatons ici que trois de nos compatriotes se sont particulièrement distingués dans l'arme de l'artillerie.

M. Deffayet, capitaine d'une batterie de la mobile, blessé au fort des Barres, et qui a été signalé par tous pour son sang-froid et son courage ;

M. Émile Triponé, lieutenant dans la même batterie ;

Et M. Alphonse Gérard, lieutenant de la mobile, qui renonça à son grade pour s'engager dans le 7e d'artillerie, et fut quelques

jours après nommé sous-lieutenant en récompense de ses services.

Il a, depuis, été décoré devant Paris.

Garde nationale.

III.

Disons également, dès à présent, que la
garde nationale sédentaire montra, dès le
début et jusqu'à la fin du siége, la plus
grande ardeur et le plus grand dévouement.
Trois fois elle fût appelée par la générale
à son poste de combat, et chaque fois, tout
le monde fut sur pied et accourut en toute
hâte, prêt à tous les événements.

Ces événements ne permirent pas, malheureusement, de mettre son courage à l'é-
preuve. Il ne fut jamais tenté d'assaut de la
ville. Elle n'eut donc pas à se battre sûr les
remparts.

Mais elle resta, jusqu'au dernier jour,
fidèle à sa mission, et monta constamment
la garde aux postes, souvent dangereux, qui
lui furent assignés, à la place d'Armes, à
la porte France, à l'Hôpital militaire et au
Fourneau.

Le poste de combat de la batterie d'artillerie de la garde nationale était à l'avancée

à gauche de la Porte de France, demi-lune
44. Elle avait à desservir 3 pièces dont un
obusier de 22 et 2 pièces de 12.

Son capitaine fut M. Jean-Baptiste Clerc,
qui avait déjà été lieutenant de la batterie
en 1848.

Les commandants des 5 compagnies
étaient MM. les capitaines Stiegler, Patris,
Mercelat, Samuel et Voirin.

L'adjudant-major fut M. Spetz, et l'adjudant M. Eugène Monchot. Le porte-drapeau
M. Vacheron.

Approvisionnements de guerre.

IV.

Il existait dans la place, le jour de son
investissement :

1° 370 canons, mortiers et obusiers;

2° 82,000 projectiles rayés de 4, de 12
et de 24 ;

Ce chiffre, bien insuffisant, n'a pas permis de lancer autant de ces projectiles qu'il
eût fallu pour empêcher l'ennemi de s'approcher de la place. Il a été de notoriété
que cette insuffisance est provenue du fait
du général Crouzat qui n'avait pas cru
devoir en faire arriver d'autres. Le colonel

Denfert, qui s'était aperçu de cette faute le jour de la prise de son commandement, s'était empressé d'en demander à Besançon ; mais les trains qui les amenaient n'ont pu arriver jusqu'ici, par suite de l'investissement, aussi par suite du peu de bonne volonté de la Compagnie des chemins de fer de Lyon.

3° De 110,000 projectiles pleins de 12 et de 16 ;

4° De 28,000 bombes de 22, de 27 et de 52 ;

5° De 60,000 obus sphériques de 12, de 15, de 16 et de 22 ;

6° De 10,000 grenades ;

7° De 4,000 boîtes à mitraille de tous calibres,

8° De 57,000 kilogrammes de poudre ;

9° Et de 5,000,000 de cartouches.

Nous ferons connaître ultérieurement combien il est resté de ces approvisionnements de guerre à la fin du siége.

Enfin, nous devons ajouter qu'il a été établi pendant la durée du siége une fonderie de projectiles, située sur la petite Place du Manége, sous la direction de M. le capitaine Bornèque.

Mais, ces projectiles, de qualité inférieure, n'ont pas rendu les services qu'on en attendait. Plusieurs ont même éclaté sur la Place d'Armes.

Approvisionnements en vivres de la Place.

V.

Les approvisionnements de la place, en denrées, au 3 novembre, étaient les suivants :

1° Il existait de la viande pour 145 jours, à raison, savoir, de :

250 grammes, par jour et par homme, de viande de bœuf ;

200 grammes, par jour et par homme, de viande de porc ;

250 grammes, par jour et par homme, de viande de bœuf salé ;

(Le troupeau de la guerre se composait, au même jour de : 870 bœufs, 104 moutons et 24 veaux.)

2° Les vivres de campagne restaient fixés comme précédemment, à l'exception de la ration de sel, qui avait été réduite de 16 à 12 grammes par jour et par homme ;

Dans ces conditions, il existait du sel pour 287 jours.

3° L'approvisionnement en farine et en biscuit avait été fait pour 156 jours ;

La ration, par homme et par jour, de 750 grammes de pain ordinaire.

Et de 250 grammes de pain de soupe.

4° L'approvisionnement en légumes secs (riz et haricots) existait pour 198 jours, à raison de 60 grammes par jour et par homme;

5° Il y avait du café pour 322 jours, à raison de 16 grammes par jour et par homme;

Et du sucre pour 160 jours, à raison de 21 grammes par jour et par homme.

6° Enfin, la place possédait pour 108 jours de vin et eau-de-vie, à raison de 25 centilitres de vin par jour et par homme.

Et de 1/5 d'eau-de-vie.

Mais seulement pour les travailleurs.

L'officier comptable des subsistances militaires était M. Chamarande, attaché à la place déjà depuis quelques années.

Approvisionnements des vivres de la Ville.

VI.

Les souvenirs du siège de 1815, qui fut surtout cruel pour la population par le manque de vivres, se présentaient nécessairement à l'esprit de nos concitoyens, et la question de l'approvisionnement devait être l'objet principal des prévisions des habitants et de la municipalité. Les rares survivants du premier blocus rappelaient, — et chacun dans la ville le savait par tradition — que, pendant ce blocus, nos pères et nos mères avaient enduré les souffrances de la faim, et qu'après s'être disputé la chair du dernier cheval, ils avaient dévoré les chats, les rats, et recherché les pelures de pommes de terre comme un aliment des plus savoureux.

Aussi, tous les ménages se hâtèrent-ils d'accumuler dans leurs caves les provisions de toute nature, sans attendre les prescriptions de l'autorité. La farine, le bœuf salé, les légumes secs, faisaient la base de l'approvisionnement, et il n'est guère de familles qui ne possédât, au commencement du siége, de quoi se sustenter au moins pendant deux ou trois mois, ce qui est le terme ordinaire au bout duquel une ville forte, non secourue, est obligée de capituler.

Les gens qui avaient suivi la marche des événements ne s'attendaient pas même à un si long blocus ; car Paris était assiégé depuis un mois déjà, et l'on pensait que la grande ville, ou parviendrait à repousser l'ennemi, comme elle s'en vantait, ou qu'elle serait obligée de demander la paix, comme le conseillait la raison.

C'est ce que fit ressortir le *Journal de Belfort*, dans un article qui excita d'abord une certaine émotion, mais dont on reconnut plus tard la justesse et la saine appréciation des faits.

Dans le courant du mois de septembre, M. le général de Chargère, gouverneur à cette époque, avait écrit à M. le Maire de dresser la liste des bouches inutiles, conformément à l'article du décret du 13 octobre 1863.

Il l'avait en outre invité à activer les mesures nécessaires pour assurer la subsistance des habitants pendant 91 jours.

La liste des bouches inutiles (on appelle ainsi les personnes étrangères et celles qui ne possèdent pas les approvisionnements nécessaires et ne peuvent être d'aucun secours pendant le siège) fut dressée conformément à l'article ci-dessus relaté. Mais la mesure ne s'appliqua rigoureusement qu'aux étrangers, la Ville ayant pris l'engagement de nourrir ses pauvres.

Quant aux approvisionnements faits par la Ville, ils vont être établis dans le rapport ci-après, dont il a été donné connaissance par la Commission nommée par délibération du Conseil municipal du 8 août 1870, dans la séance du 27 novembre, présidée par le Préfet, assisté de M. le Commandant de place et de M. le Sous-Intendant, en exécution de la lettre de M. le Gouverneur du 26 du même mois.

RAPPORT

§ Ier.

D'après le décret de recensement du 15 janvier 1867, la population de la ville de Belfort est de 6257 habitants ; mais d'après des renseignements sérieux, on peut affirmer que, par suite de départs occasionnés par la guerre, cette population est réduite aujourd'hui à 4,000 habitants.

Dans ce nombre se trouvait, en — dehors de la Ville et des grands faubourgs de France, des Ancêtres et de Montbéliard, — comprises les annexes de la Ville, la Forge, le Magasin, les Barres, le Coinot, dont la majeure partie sont cultivateurs, et ont, par suite de leur profession, les approvisionnements nécessaires, non-seulement pour la durée du siége, mais jusqu'à la récolte prochaine.

Dans la population, il existe encore une grande partie de ménages dans l'aisance qui, en prévision d'un siége ou d'un blocus, ont fait des approvisionnements nécessaires.

Enfin, se trouvent compris les femmes et les enfants, dont les besoins sont moindres que ceux des hommes qui dépensent une certaine quantité de leurs forces par le travail.

§ II.

PAIN.

La Ville a acheté 490 sacs de farine pesant chacun 100 kilogrammes; chaque sac de 100 kilogrammes doit rendre en moyenne 140 kilogrammes de pain fabriqué; par conséquent, les 140 sacs rendront 68,600 kilogrammes de pain fabriqué.

La ration de chaque soldat est de 750 grammes par jour; en prenant cette base de 68,600 kilogrammes ou 68,600 grammes qui, divisée par 750, chiffre de la ration par jour, donnent 91,466 rations divisées par 4,000, chiffre de la population, représentent 22 à 23 rations par chaque habitant, ce qui constitue un approvisionnement pour chacun d'eux de 22 à 23 jours ; mais cette ration de 750 grammes par jour pour le militaire, est exagérée pour le civil. Sans parler des femmes et des enfants qui consomment peu, l'habitant adulte dépense moins de force que le militaire et par conséquent mange moins. La ration de 750 grammes donnée au soldat peut être réduite à 500 grammes pour le civil. Ce chiffre, d'après les calculs effectués, au lieu de 22 à 23 jours de subsistance en pain en donnerait pour 34 jours.

D'après un recensement, on peut affirmer sans exagération que les approvisionnements faits par les boulangers et les dépôts opérés par les habitants des villages, depuis le commencement de la guerre, et qui sont à la disposition de la Ville, s'élèvent au moins à 500 sacs de blé, qui produisent en moyenne plus de chacun 100 kilogrammes de farine, ce qui donnera 70,000 kilogrames ou 140,000 rations de pain, chacune de 500 grammes, ou des subsistances en pain pour 35 jours.

En résumé, les approvisionnements de farine et de grain s'élèvent, en chiffre rond, à environ 1,000 sacs de 100 kilogrammes, rendant 140,000 kilogrammes de pain, soit 280,000 rations de 500 grammes, ou la subsistance en pain pour les 4,000 habitants pour 70 jours, non compris les approvisionnements faits par les habitants.

La Commission estime que ce chiffre est un chiffre minimum, étant persuadée que les femmes et les enfants ne consomment pas 500 grammes de pain par jour.

§ III.

VIANDE.

La Ville a acheté 103 pièces de bétail, sans parler de l'approvisionnement des bouchers, dont 54 gros bœufs, 36 vaches et 14 genisses, dont le poids est de 450 grammes, soit un poids total de 46,350 kilogrammes. Il existe en outre dans les écuries des habitants à ce jour : 6 bœufs et 207 vaches, total 213 pièces de bétail pesant ensemble d'après la moyenne ci-dessus :

$$95,850 \text{ kilogrammes.}$$

Total. . . . 142,200

Ce poids est le poids du bétail vivant. D'après les renseignements pris près des bouchers et des marchands de bétail, le bétail gras produirait en moyenne, en viande, les deux tiers de son poids brut, tandis que l'autre bétail produirait seulement la moitié.

En prenant pour base le poids minimum, il y aurait en viande la moitié du poids brut, soit 71,100 kilogrammes; ce qui ferait pour chacun des 4,000 habitants 17 kilogrammes 77, ou 17,770 grammes divisés par 200 , qui est la ration militaire par homme et par jour et donnerait pour chaque habitant une alimentation en viande pour 89 jours. Mais cette ration de 200 grammes, qui est nécessaire au militaire, est exagérée pour le civil. La Commission considère que la portion pour chaque habitant sera suffisante à 125 grammes. Ce qui produirait un approvisionnement en viande pour 142 jours. La Commission fait en outre observer que dans les temps ordinaires, une grande partie de la population achète peu de viande de boucherie et qu'il est certain que pendant la période de temps que nous allons traverser, elle n'achètera pas la ration qui lui sera dévolue. Ce qui augmentera d'autant les rations des consommateurs.

§ IV.

SEL.

En outre des provisions faites par les négociants, la Ville a acheté 37 quintaux métriques de sel, soit 3,700 kilogrammes. À raison de 12 grammes par chaque habitant et par jour, il y aurait une consommation assurée pour plus de 77 jours. Mais d'après les renseignements pris, ce chiffre de 12 grammes n'est pas celui de la consommation de l'habitant ; on peut donc assurer, qu'avec les approvisionnements des particuliers, le sel ne manquera pas. La Ville espère pouvoir augmenter encore cet approvisionnement.

§ V.

POMMES DE TERRE.

La Ville est en outre approvisionnée de 140 doubles décalitres de pommes de terre, et la Commission a lieu de croire qu'en dehors de cet approvisionnement chaque habitant est suffisamment pourvu.

§ VI.

BUREAU DE BIENFAISANCE.

De son côté, l'Administration du Bureau de bienfaisance a aussi fait des approvisionnements que la Commission ne connaît pas en détail, mais qu'elle a lieu de croire être assez considérables.

Tous ces approvisionnements sont, comme on l'a dit, en dehors de ceux faits par les habitants eux-mêmes, car, l'Administration municipale, en nommant une Commission de subsistances, s'était surtout préoccupée des imprévoyants et de la classe nécessiteuse.

Conclusion.

En résumé, la Commission pense, et peut affirmer que les approvisionnements de première nécessité : pain, viande et sel dépassent le chiffre de 91 jours, à partir d'aujourd'hui et que le Gouverneur de la place peut être rassuré sur ce point.

Le Président de la Commission,
Le Maire,
Signé : MÉNY.

Par suite de ces approvisionnements, la Ville a eu la satisfaction de constater :

1° Que pendant toute la durée du siége, aucun habitant n'a manqué de vivres ;

2° Qu'il a existé de la viande fraîche jusqu'au dernier jour, et qu'on a pu en distribuer gratuitement aux pauvres réfugiés dans les caves deux et souvent trois fois par semaine ;

3° Et qu'enfin, il existait encore à la fin du siége quelques têtes de bétail et quelques sacs de farine qui ont été vendus depuis par la Ville aux bouchers et aux boulangers.

Nous croyons devoir faire connaître ici, à la louange de l'autorité municipale, que par suite des mesures prises par elle de céder son bétail et ses denrées, au prix de revient :

Le pain ne s'est jamais vendu au-dessus de 1 fr. 40 le pain de 3 kilogrammes, soit 25 c. le demi kilogramme, et la viande de bœuf au-delà de 70 c. le demi kilogramme ;

La farine était livrée aux boulangers à raison de 53 fr. les 100 kilogrammes ;

Et le bœuf était vendu aux bouchers à raison de 130 fr. les 100 kilogrammes ;

Enfin, la Ville cédait son sel à raison de 20 c. le kilogramme ;

Grâce également à la grande quantité de

vaches que la municipalité avait crû devoir acheter, et qui étaient réparties dans les différents quartiers de la Ville ; grâce aussi à celles qui restaient chez leurs proprié-taires, et dont ils ne pouvaient disposer, les habitants ni les malades n'ont jamais manqué de lait, et il ne s'est jamais vendu au-delà de 40 c. le litre.

Les seuls objets qui aient pu faire défaut à la population à la fin du siége ont été certains médicaments dont les pharmaciens n'étaient plus approvisionnés , et enfin l'huile, la bougie et la chandelle qui étaient presque complètement épuisées dans tous les ménages. On en était arrivé à brûler les rares cierges qui se trouvaient encore dans les magasins.

Les délégués de la Commission d'appro-visionnement, sous la direction du Maire, furent :

Pour la répartition de la farine, M. Lalloz ;

Et pour l'entretien et la distribution du bétail, M. Xavier Rochet.

Tous deux membres du Conseil muni-cipal, qui ont rempli leur mission avec un zèle et un dévouement auxquels nous ne saurions donner trop d'éloges.

Il convient d'ajouter que, dans le but de conserver , exclusivement pour les habitants, les approvisionnements des marchands de la Ville, et à la suite d'une plainte du Maire, le Colonel commandant supérieur avait pris le 26 novembre l'arrêté suivant :

Le Commandant supérieur,

Vu le vœu émis le 22 novembre 1870 par le Conseil d'approvisionnements, que toutes les provisions des marchands de Belfort soit réservées à la population civile seule,

Arrête :

Tous les négociants, traiteurs, etc., sont autorisés à refuser aux militaires de tout grade de la garnison. la vente des denrées alimentaires de première nécessité : sel, pain, viande, légumes secs, à refuser de leur donner pension à partir de lundi 28 courant.

MESURES SANITAIRES

Hôpitaux et Ambulances de la Place et de la Ville.

§ Ier.

HOPITAUX MILITAIRES.

Indépendamment de l'hôpital militaire, l'Administration de la guerre avait installé une grande ambulance pour les malades et les blessés, à la caserne de l'Espérance, qui avait été blindée à cet effet.

Il existait, en outre, diverses ambulances militaires dont une notamment au Fourneau, dans la maison de M. Henri Bontemps, qui l'avait généreusement offerte et organisée à cet effet.

Et une autre, beaucoup plus importante, dans les vastes bâtiments dépendant de la propriété des frères Boumsel, au faubourg des Ancêtres.

Cette dernière ambulance, qui contenait plus de 200 lits, avait été installée par les soins et aux frais des officiers de la garde

mobile du Rhône, pour y soigner spécialement leurs malades.

Elle eut pour médecin M. le docteur
Claude, et fut desservie, exclusivement,
pendant toute là durée du siége, par trois
dignes sœurs de la Providence de Porcieux.

Un assez grand nombre de malades était
en outre soignés dans les hôtels de la Ville
et chez les habitants.

Le médecin en chef des hôpitaux militaires était M. le docteur Prudhomme, médecin principal des armées.

Il n'y eut qu'un seul médecin blessé pendant le siége, M. Blée, docteur en médecine à
Barr, lequel était venu mettre son expérience
et son courageux dévouement à la disposition du Gouvernement. Chacun s'est plu à
louer ses services à l'hôpital militaire où il
fut constamment attaché.

Un autre jeune médecin, M. Stouff, de
Dannemarie, mourut de maladie, à la suite
de fatigues pendant le bombardement.

§ II.

AMBULANCES DE LA VILLE.

I.

La Ville avait pris l'engagement, au com-

mencement du siége, de fournir à l'Administration militaire 147 lits répartis de la
manière suivante :

      60 lits à l'Hôtel-de-Ville.
      36 lits à l'hôpital civil.
      35 lits au collége.
Et 16 lits à l'école communale des
      garçons.

Total. 147 lits.

Ces lits furent livrés exactement ; mais,
par suite des accidents survenus pendant le
bombardement, le collége dût être évacué
complétement et les malades transportés à
l'hôpital civil. Ceux qui étaient placés dans
les bâtiments neufs de l'Hôtel-de-Ville, entièrement démolis par les projectiles et où
furent tués plusieurs malades, durent être
déplacés en totalité et soignés, tant dans la
salle d'audience du Tribunal civil que dans
une nouvelle ambulance installée dans le
rez-de-chaussée à l'est de la maison Grosborne, sur la place.

D'après un traité du 51 août 1870, l'Administration militaire s'était engagée à
payer à l'hôpital civil, savoir : 1 fr. 50 par
prix de journée pour les soldats malades et
2 fr. 50 pour les officiers. Et en outre 8 fr.
par chaque sépulture.

II.

Toutes les ambulances étaient desservies, à l'hôpital civil et à l'école des garçons qui en dépendait, par les sœurs de cette maison, dont était supérieure la révérende mère Courtot.

Celle de l'Hôtel-de-Ville par les sœurs garde-malades de Niederbronn, ayant pour supérieure la sœur Benigne, conjointement avec des sœurs de la Providence de Portieux, ayant pour supérieure la sœur Aldegonde.

Enfin, les ambulances du collége et de la maison Grosborne furent absolument abandonnées aux soins des sœurs de la Providence de Portieux.

Nous ne saurions dire assez combien toutes ces communautés ont rivalisé de zèle, de dévouement et d'abnégation dans leur mission de charité chrétienne.

La sœur André, de la Communauté de Niederbronn, a été blessée deux fois au bras dans l'exercice de ses fonctions à l'Hôtel-de-Ville.

Nous croyons d'ailleurs faire un acte de justice, en publiant les noms des sœurs de ces diverses communautés qui ont prodigué leurs soins aux malades, et ont droit à la reconnaissance publique.

Si cette relation est lue par quelques-uns de ceux qu'elles ont sauvés, ils seront heureux, nous n'en doutons pas, de retrouver ici leur nom et leur cher souvenir.

Les sœurs de l'hôpital civil étaient :

La sœur Courtot ;
»   Rossé ;
»   Vallat ;
»   Welfele ;
»   Broc ;
»   Monnier.

Les sœurs de Niederbronn étaient :

La sœur Benigne ;
»   André ;
»   Achille ;
»   Huna.

Enfin, les sœurs de la Providence de Portieux ont été :

A l'ambulance du faubourg des Ancêtres,

Sœur Thérèse Barthélemy ;
»   Amélie Toussaint ;
»   Reine Marchal ;
»   Fébronie Clément.

A l'ambulance du collége :
Sœur Marie-Ange Straumann;
» Aline Moritz.

Ambulance de l'Hôtel-de-Ville :
Sœur Xavier, de Roppe;
» Marie-Joseph Émon;
» Hildeburge Stadelmann.

A l'ambulance Grosborne :
Sœur Claire Delin;
» Augustine Défrain.

Nous devons signaler encore une orpheline de la Ville, la jeune Thérèse Boyer qui, pendant tout le temps du siége, a été chargée de la cuisine, non pas sans danger, à l'ambulance du collége d'abord, et après à l'ambulance Grosborne.

III.

Les trois médecins de la Ville qui étaient restés fidèles à leur poste, ont donné gratuitement et avec le plus grand dévouement, leurs soins aux malades et aux blessés, savoir :
M. Vautherin, à l'hôpital civil;
M. Petitjean, à l'Hôtel-de-Ville;
Et M. Bernard, à l'ambulance Grosborne.

MM. Charles Lebleu, Auguste et Louis
Juster, se sont particulièrement dévoués à
l'organisation et au service des ambulances,
ainsi que M. Tournier, aide-instituteur, qui
en était le comptable.

Il est juste de faire connaître aussi que
quelques Dames la Ville ont donné leur soins
aux malades et aux blessés, et notamment
Mme veuve Girard-Gressien, qui n'a pas
failli un jour à cette tàche dangereuse.

IV.

Nous nous faisons un devoir de proclamer que tous les prêtres de la paroisse se
sont particulièrement distingués par leur
dévouement et leur courage de tous les
jours, et de tous les instants.

Le curé de la paroisse était M. Guenot, et
l'aumônier de l'hôpital militaire M. l'abbé
Froment, que nous nous rappellons avoir vu,
pendant toute la durée du bombardement,
traversant nos rues, le chapeau à la main,
avec le même calme qu'en temps ordinaire,
malgré les obus qui éclataient autour de lui.

MM. les vicaires étaient M. l'abbé Mitelheiser, Renoux et Grisez. Il se trouvait encore,
dans la place, M. l'abbé Bury, notre compatriote, non encore ordonné prêtre, qui a

fait preuve également du plus grand dévouement.

Le père de Damas, aumônier des mobiles du Rhône, fortement contusionné à l'ambulance de l'Hôtel-de-Ville, s'est également fait remarquer par son zèle et sa charité évangélique.

Avons-nous besoin de rappeler que, ici, comme dans toute la France, les Dames rivalisèrent de zèle, dès le début de la guerre, pour préparer des bandes, de la charpie, des chemises, etc., pour les blessés, et que les dons de toute nature, notamment en argent, linge, objets de literie, vivres et médicaments affluèrent à l'Hôtel-de-Ville, tant de la part des habitants que de la part de la généreuse nation suisse, qui vint à notre secours, dès avant l'investissement de la place?

Et, à cette occasion, qu'il nous soit permis de payer ici un juste tribut de reconnaissance à l'honorable M. Bischoff, président du Comité de la Société de Secours de Bâle, et au nom de toute la Ville à M. Charles Seimer, demeurant à Saint-Louis, secrétaire de ce Comité, notre généreux et digne compatriote, qui n'a jamais oublié qu'il était enfant de Belfort, et qui, rempli d'un zèle et d'un dévouement infatigable, est venu, à plusieurs reprises, tant dès avant le bombardement que depuis, nous apporter et nous prodiguer les secours dont nous avions tant besoin, et enfin, nouveau saint Vincent-de-Paule, chercher nos pauvres orphelins du siége pour les placer et les faire élever gratuitement en Suisse?

Nous sommes heureux de publier, dès à présent, qu'une autre institution charitable, composée de Dames françaises établies en Afrique, vient également de nous demander un certain nombre de ces enfants pour les y élever et les mettre à même de gagner honorablement leur vie. Un premier convoi de 7 enfants, de 4 à 8 ans, est parti le 26 juillet 1871, aux frais de cette institution. Ces enfants sont accompagnés par Mme veuve Girard qui continue ainsi, après ce siége, sa mission de dévouement et de charité chrétienne.

Départ de l'Orphelinat.

Quant aux orphelins que la ville entretient à la salle du Refuge, la municipalité avait eu la pensée de les faire partir quelques jours avant l'investissement pour les soustraire aux dangers du siége. Cette sage précaution nous a épargné certainement bien des malheurs, puisque, ainsi que nous le verrons plus tard, les bâtiments de l'école des filles, dans lesquels se trouvait la salle du Refuge, ont été brûlés ou détruits par les projectiles.

Ces enfants nous ont quittés au nombre de 27, et sont restés sous la conduite et sous la direction dévouée de trois de nos sœurs de la Providence de Portieux : La sœur Géronime Mangin, la sœur Saint-Ange Didier-Jean, et la sœur Cécile Gérard.

J'ai assisté à ce triste départ, et ç'a été pour moi un spectacle douloureux et touchant, de voir couler les larmes et d'entendre les plaintes de tous ces pauvres êtres déshérités qui demandaient à rester à tout prix et ne voulaient abandonner, ni leur chère maison, qui était pour eux le berceau et le foyer maternel, ni les bonnes sœurs qui les soignaient avec tant d'affection.

Ils ont retrouvé, heureusement, dans la commune de Faverois (canton de Delle), qui a bien voulu les recevoir, l'accueil le plus sympathique et le plus généreux. Le digne curé de la paroisse, M. l'abbé Gressot, la sœur Valérie, de la communauté de Portieux, et le plus grand nombre des habitants de cette commune ont rivalisé d'empressement et de zèle à les loger, à les nourrir, et à

3

pourvoir gratuitement jusqu'à ce jour où ils s'y trouvent encore, faute d'asile à Belfort, à leurs besoins de toute nature. Que chacun d'eux reçoive ici l'expression de notre profonde reconnaissance.

Cérémonies religieuses.

L'église paroissiale, qui a été de tous les édifices publics le plus gravement atteint par les projectiles, et dont l'abord offrait un danger incessant, dut être abandonnée complètement dès les premiers jours du bombardement.

Des messes basses se célébrèrent tous jours, depuis, dans la chapelle de l'hôpital civil.

Il est bien entendu que toutes les sonneries avaient cessé depuis le 3 décembre.

Services des enterrements.

Le service des inhumations, qui n'a pu fonctionner qu'au prix des plus grands dangers, avait été, sur la demande du Maire, réglé par un arrêté du Gouverneur, en date du 9 décembre, ainsi conçu :

A partir d'aujourd'hui, 9 décembre, les inhumations pourront se faire en deçà de la porte du Vallon,

dans le pré Gaspard, aux heures et aux jours où l'on
ne peut être aperçu de l'extérieur.

Les convois pourront passer, soit par la porte de
Brisach, soit par la poterne de l'Espérance.

M. le Sous-Intendant est autorisé à délivrer, dans
la mesure de ses ressources, des voitures de réquisition pour les enterrements, tant civils que militaires.

En vertu de cet arrêté, des voitures de
réquisition, accompagnées par des infirmiers militaires, transportaient à la nuit
tombante, chaque fois que le Maire en faisait la demande, tous les cadavres qui se
trouvaient, tant dans les ambulances que
dans les maisons particulières. Ces cadavres étaient enterrés, la plupart sans cer-
cueil, dans de grandes fosses communes,
toujours prêtes et recouvertes par les soins
des corvées désignées tous les jours à cet
effet.

Les familles avaient en outre le droit de
transporter les corps de leurs parents au
cimetière de la Ville. Mais ces transports se
faisaient à leurs risques et périls, sans aucun cortége, et sans être accompagnés par
aucun prêtre. On a vu souvent des pères,
des maris, conduire eux-mêmes leurs enfants et leurs femmes sur des voitures à
bras et les enterrer de leurs propres mains.

Nous avons appris depuis la fin du siége

que près de 150 cadavres avaient été enterrés sans autorisation dans des propriétés particulières qu'il fallut désinfecter.

Les corps des soldats ou gardes mobiles étrangers qui devaient être rendus à leurs familles, étaient, le plus souvent, déposés dans la chapelle du cimetière, après avoir été soigneusement enfermés dans des cercueils en plomb.

Depuis la reddition de la place, bien des pères, bien des mères sont venus nous demander les corps de leurs enfants; et nous avons dû assister à des scènes déchirantes, alors surtout que les familles n'apprenaient, qu'en consultant sous nos yeux les registres de l'état civil, les décès d'un fils, d'un frère ou d'un être aimé dont elles étaient sans nouvelles !

Suspension des Cours de la Justice.

Les tribunaux civils et de commerce, ainsi que la justice de paix, cessèrent de fonctionner à Belfort à partir du mois d'octobre.

Toutes les études des notaires furent également fermées, et toutes les affaires cessèrent à partir du 3 novembre.

Le président du tribunal civil était M. Martzloff.

Le procureur de la République, M. Munschina.

Le substitut, M. Émile George.

Le président du tribunal de commerce, M. Juteau.

Et le juge de paix, M. Joly.

Corps des Francs-Tireurs.

Il s'organisa à Belfort, comme dans toute la France, des corps de francs-tireurs ; et notre Ville, notamment par suite du concours de M. Keller, ancien député, nommé colonel de ces corps, et qui avait obtenu du Gouvernement une somme de 100,000 fr. pour leur équipement et leur armement, enrôla, tant à Belfort que dans l'arrondissement, un grand nombre de francs-tireurs qui partirent avec lui pour les Vosges, et dont on n'eut aucune nouvelle pendant toute la durée du siége.

Le Conseil municipal, par sa délibération du 27 septembre 1870, avait voté un supplément de solde de 25 c. par jour pour tous les francs-tireurs de Belfort qui faisaient ou feraient partie des compagnies alors en formation.

Service des incendies, des Guetteurs et Surveillants.

Dans le but de prévenir les incendies que devait amener le bombardement de la Ville, le Maire avait pris l'arrêté suivant :

ARRÊTÉ CONCERNANT LES INCENDIES.

Vu la lettre de M. le Commandant supérieur en date du 25 novembre 1870 ;

Vu l'article 249 du décret du 13 octobre 1863 ;

Vu l'article 11 de la loi du 18 juillet 1837 ;

Considérant que de nombreux et pénibles exemples ont appris à la France, surprise de cette violation des usages de la guerre, que les armées allemandes ne reculent pas devant le bombardement des villes dont elles assiégent les remparts ;

Considérant qu'il importe, dès lors, de prendre les mesures nécessaires pour combattre les dangers qui menacent la ville de Belfort ;

ARRÊTE:

ARTICLE PREMIER.

Des approvisionnements d'eau doivent être placés aux étages et dans les greniers de chaque maison. En cas de bombardement, les portes d'entrée de toutes les maisons demeureront ouvertes nuit et jour, et on devra ne pas négliger l'éclairage fixe des corridors et des escaliers.

Art. 2.

Les pompes à incendies, et avec elles les postes des pompiers préposés à leur service, seront répartis dans les différents quartiers de la Ville et des faubourgs. Cette répartition est indiquée dans le présent arrêté, mais des raisons de prudence en interdisent la publication. Cette répartition pourra, d'ailleurs, varier suivant les nécessités du moment, et les habitants sont invités à s'enquérir par eux-mêmes des endroits où ils pourront trouver les postes de surveillants et des pompiers. Les pompes à incendies seront alimentées par les fontaines, les bornes-fontaines, ou les prises d'eau, par des réservoirs fixes, des tonneaux mobiles ou tel autre moyen qui sera indiqué par la situation des lieux et qui dispensera de faire la chaîne sur un espace trop étendu.

Art. 3.

Un veilleur de nuit devra être préposé, autant que possible, à la garde de chaque maison importante, ou de chaque groupe de maisons de moindre importance. Cette garde pourra être montée, soit par le propriétaire et les locataires, soit par des hommes à leurs gages. Les veilleurs auront à leur disposition une lanterne allumée. Ils se tiendront dans le vestibule des maisons confiées à leur vigilance; un coup de sifflet permettra à chaque veilleur d'appeler à son secours les veilleurs les plus voisins. Les veilleurs de nuit ne pourront remplir leur mission dans une maison autre que celle dont ils seraient propriétaires ou locataires, qu'à la condition d'être munis d'un brassard portant un numéro d'ordre et le sceau de la Mairie.

Art. 4.

Il est établi un corps de surveillants composé de tous les citoyens qui se sont faits ou se feront inscrire à cet effet aux bureaux de la Mairie. Ils se répartiront en plusieurs postes dans la Ville et aux faubourgs, seront distingués par un brassard, et auront pour mission de s'assurer que toutes les maisons sont ouvertes, gardées et approvisionnées d'eau, de contrôler les services des veilleurs, de réunir, à un signal donné par un cornet de chasse, les autres surveillants, les veilleurs et les pompiers sur les points menacés, de transporter les blessés, de proposer aux autorités compétentes les mesures nécessaires à la sécurité générale, de faire, chacun dans sa circonscription, tout ce que les circonstances inspireront à leur dévouement.

Art. 5.

Le Maire fait un sérieux appel au dévouement de ses concitoyens, et les invite à assurer et à faciliter, par tous les moyens possibles, l'exécution des présentes prescriptions.

Art. 6.

Enfin, le Maire recommande expressément aux habitants de ne pas conserver chez eux les projectiles incendiaires qui n'auraient pas éclaté et de les jeter à l'eau, ou plutôt de les enterrer immédiatement. Ils éviteront ainsi des accidents qui se sont produits ailleurs.

La police est autorisée à les saisir partout où il s'en trouvera.

Art. 7.

M. Léon Stehelin, avocat, présentement à Belfort, qui a bien voulu mettre à notre disposition l'expérience qu'il a acquise au siége de Strasbourg auquel il a assisté, est préposé par nous à la surveillance générale des différents secours organisés par le présent arrêté.

Art. 8.

Une expédition du présent arrêté sera délivrée à M. le Colonel commandant supérieur de la place de Belfort et à M. le Préfet du département.

Fait en Mairie, à Belfort, le 30 novembre 1870.

Le Maire,

Signé : Mény.

Grâce à l'organisation du service des incendies, ainsi qu'on vient de le voir, grâce au dévouement des pompiers, des guetteurs et des surveillants, parmi lesquels figuraient des citoyens notables de la Ville, notamment M. Émile George, substitut; M. Genty, architecte de la Ville; M. Grosbas, receveur des domaines; M. Moinot, contrôleur des contributions; M. Robert, inspecteur du télégraphe; M. Favret, rédacteur du journal le *Siége;* M. Félix Monchot; M. Beck, vérificateur des poids et mesures; MM. Martzloff, Bontemps et Abraham Lehmann; grâce, disons-nous, à cette organisation, les sinistres ont été relativement fort peu nom-

breux surtout dans l'intérieur de la Ville, où
l'on n'a eu à combattre que trois incendies
sérieux : le premier au magasin à fourrage,
le 4 décembre à dix heures du matin ; le
second au théâtre de la Ville, le 5 février
à trois heures de l'après-midi ; et le troisième, du bâtiment de l'école des filles ,
rue de l'Étuve, dans la nuit du 12 au 13 du
même mois. Ces trois bâtiments furent détruits ; mais tous les autres incendies qui
ont éclaté dans la Ville ont pu être arrêtés
dès leur début.

Les faubourgs furent moins heureux ,
parce que les secours y furent plus difficiles
à organiser. Ainsi, l'on a eu à y regretter
31 incendies·, ainsi qu'on le verra plus
loin.

Ajoutons, dès à présent, que deux braves
pompiers de la Ville, MM. Meyer, ferblan-
tier, et Mathieu, ancien militaire, eurent
chacun un bras emporté dans l'exercice de
leurs fonctions ; le premier, à un commencement d'incendie à l'hôpital militaire ; et le
second , aux incendies du Fourneau. Ce
sont là les seuls accidents sérieux que nous
ayons eu à déplorer, malgré les dangers de
toute nature qu'aient courus les pompiers
et les habitants qui les ont courageusement secondés.

Nous croyons devoir signaler à la reconnaissance publique les pompiers qui se sont distingués sous le commandement de M. Duquesnoy, leur digne capitaine, savoir :

MM. Huntzbuchler, Meple, Ballet, Dépierre, Chanut, Sjesjiémanoski, Mayer, Mathieu et Odendall.

Abris dans les rues.

La municipalité avait eu la pensée de faire établir sur les points les plus fréquentés de la voie publique, dans la Ville et dans les faubourgs, des abris adossés aux maisons, et construits avec des traverses des chemins de fer, ou de forts madriers. Ces abris, qui servaient de refuge pendant le bombardement, ont rendu les plus grands services à la population et à la garnison, et ont empêché certainement de nombreux accidents. Plusieurs habitants en avaient fait construire à leurs frais devant leurs maisons.

Service de l'eau et de l'éclairage public.

I.

Nous avions eu la crainte, dès le premier

jour de l'investissement, que l'ennemi,
alors surtout qu'il arriva par Grosmagny le
2 novembre, ne coupât la conduite d'eau de
la Ville, située entre le Valdoie et Evette.
Mais nous avons eu le bonheur d'échapper
à ce désastre, et la Ville fût toujours alimen-
tée d'eau, bien que quelques fontaines publiques aient été mutilées par les projectiles,
notamment la fontaine à l'entrée du faubourg de France, et celle de la Grande-Rue,
en face de la Sous-Préfecture. Au surplus,
en prévision du danger de la privation des
eaux publiques, la municipalité avait eu le
soin de faire remettre en état tous les puits
des établissements de la Ville et ceux des
maisons particulières ; et enfin, on avait
rattaché la conduite d'eau de la Ville à celle
du chemin de fer, qui a fonctionné presque
régulièrement.

II.

Avant le siége, la Ville et les faubourgs
étaient éclairés par 147 becs de gaz. Malheureusement, cette ressource vint à faire défaut dès les premiers jours, d'abord par
suite du manque de la houille qui n'arrivait plus, et plus tard par la rupture d'un
certain nombre de conduits ; mais nous

avons eu la satisfaction de constater que l'usine à gaz n'a jamais été atteinte, et le service de l'éclairage au gaz a pu reprendre, en partie, dès le 12 mars 1871.

Pour remédier à ce défaut d'éclairage, la municipalité avait mis en réquisition, dès les premiers jours de l'investissement, toutes les lanternes de la gare qui ont fonctionné pendant tout le siége, et ont suffi relativement à l'éclairage public.

Entrée des habitants dans les caves.

L'Administration de la guerre n'ayant pu fournir aucun abri aux habitants dans les casemates de la place, par suite de la grande quantité de soldats qu'elle avait à y loger, les particuliers possesseurs de caves ont eu à y chercher un refuge ou dans celles des établissements publics.

L'entrée dans les caves eut lieu généralement le 3 décembre, et la sortie le 14 février. Le séjour y fut donc de 73 jours consécutifs, temps de la durée du bombardement.

Remarquons que beaucoup de nos concitoyens, hommes, femmes et enfants, ne purent ou ne voulurent pas entrer en cave, et préférèrent demeurer dans les étages ou

3

les rez-de-chaussées de leurs maisons, au risque d'y être atteints par les bombes et les obus.

Les familles pauvres de la Ville et un grand nombre de celles qui n'avaient pas de caves voûtées dans leurs maisons, furent reçues dans les caves de l'Hôtel-de-Ville et dans les caveaux de l'Église qui avaient été disposés à cet effet au premier indice du danger.

Les caves de l'Hôtel-de-Ville ont pu loger continuellement 200 personnes ;

Et les caveaux de l'Église 176 ;

La sacristie renfermait en outre une vingtaine d'habitants.

Ces caves étaient visitées journellement par le Maire, qui veillait à ce que l'aération s'y fît dans de bonnes conditions et à ce que tout se passât convenablement sous le rapport de l'honnêteté et de la moralité.

Jamais aucune plainte ne lui a été portée à ce sujet.

Les maladies y ont été relativement insignifiantes en raison d'une pareille agglomération. Enfin, il a pu constater que tous ces malheureux ont conservé jusqu'au bout tout leur courage, et que pas un ne lui a fait entendre une parole de défaillance.

Nous devons ajouter que, par suite des

approvisionnements de la Ville, et grâce
aux nombreux dons en nature et en argent
faits par les habitants et la garnison, qui ont
rivalisé de dévouement et de charité, les
habitants des caves ont reçu presque tous
les jours des distributions de pain, de viande
et même d'argent. Nous pouvons donc affirmer qu'aucun d'eux n'a souffert matérielle-
ment pendant toute la durée du siége.

En terminant cet article sur les caves,
nous rappelons que certaines parties de
celles de l'Hôtel-de-Ville renfermaient les
archives et les registres des greffes de la
Mairie, de la conservation des hypothèques,
des receveurs des domaines et de l'enregis-
trement, de la recette particulière, et enfin
les minutes des quatre notaires de Belfort.

Ces caveaux avaient été murés par les
soins de la municipalité.

Sur la demande de sortie des femmes, des enfants et des vieillards.

On s'est beaucoup entretenu, à un certain moment, de la question de sortie de la
Ville des femmes, des enfants et des vieillards.

Voici, croyons-nous, les renseignements
les plus exacts sur cette question :

Dès le début de la guerre, le Gouverneur avait conseillé à certains habitants de quitter la Ville dans la crainte d'un bombardement. Lui-même avait donné l'exemple, en faisant partir immédiatement sa famille et son mobilier.

Environ 2,000 personnes s'empressèrent de profiter de cet avis et se réfugièrent pour la plupart en Suisse. D'autres, plus braves ou plus confiants, crurent devoir rester.

La plupart des habitants qui quittèrent la Ville emmenèrent avec eux leur mobilier. Parmi ceux qui ne partirent pas, beaucoup envoyèrent leurs meubles, soit en Suisse, soit ailleurs. Pendant plusieurs jours, les rues de la Ville et des faubourgs furent encombrées de voitures, emportant ce que les habitants de la Ville et des villages voisins avaient de plus précieux. Cette sage mesure évita bien des pertes et prévint bien des incendies qui eussent été certainement plus facilement allumés si les projectiles eussent atteint tous ces objets inflammables.

Les choses en étaient là, lorsque le 25 novembre, le Gouverneur écrivit au Maire une lettre dans laquelle il l'informait que l'ennemi occupait des positions élevées qui lui permettait de lancer des projectiles incendiaires sur la Ville et les faubourgs. Chacun

fut effrayé, mais la place étant complètement investie, il ne fut plus possible à personne de quitter la Ville.

Le Gouverneur quitta ce même jour,
25 novembre, son quartier-général, établi
jusque-là dans la maison Laroyenne, et entra dans sa casemate du Château, au-dessous de la Tour des Bourgeois, où il
séjourna, ainsi que son état-major, jusqu'à
la fin des hostilités.

Notons en passant que cette casemate
renferma, en outre, pendant toute la durée
du bombardement :

1° Le colonel commandant de place Ja-
quemet et ses officiers ;

2° Le sous-intendant militaire M. Spire
et ses bureaux ;

3° Le service du génie ;

4° Et celui du télégraphe militaire.

Jusqu'au 17 décembre aucune démarche
ne fût tentée pour obtenir le départ des
femmes, des enfants et des vieillards.

Mais, ce jour-là, un parlementaire, envoyé par le général de Treskow, commandant des troupes prussiennes devant Belfort,
apporta au Gouverneur la lettre qui lui était
adressée et qui sera relatée ci-après.

Nous ne croyons pouvoir mieux faire,
pour l'historique de la question, que de

transcrire ici la délibération du Conseil
municipal prise à cet effet le 8 janvier 1871.

Ce Conseil était composé de MM. Mény,
maire; Parisot et Rameau, adjoints; Lebleu,
Vouzeau, Sibre, Grosborne, Lalloz, Lollier,
Saglio, Nizole, Villemin, Petitjean, Lehmann, Thiault, Juster, Juteau, Garnache,
Baize, Rochet, Touvet, Chollet et Laposto-
lest.

Cette délibération est ainsi conçue :

M. le Maire, en présence des souffrances imposées
à la Ville par le bombardement et le siége qu'elle
subit depuis plus de deux mois, a pensé qu'il était
juste de rendre compte aux représentants de cette
population malheureuse de la démarche généreuse
faite par le Gouvernement Suisse dans son intérêt, et
des suites qu'elle a eues.

En effet, des délégués envoyés par le gouvernement
de la Confédération suisse, se sont présentés aux
environs de Belfort pour réitérer, au profit de cette
Ville, le grand acte d'humanité accompli à Strasbourg, la sortie de la Ville des femmes, des enfants
et des vieillards. Ils étaient porteurs de la lettre dont
la teneur suit, qu'il importe de consigner au registre
des délibérations du Conseil municipal de la Ville, en
souvenir de cet acte de généreuse sympathie dont
Belfort restera reconnaissant envers la Nation suisse.

« Berne, le 13 décembre 1870.

» A l'exemple de ce qui s'est passé lors du siége
de Strasbourg, alors que diverses localités de la

Suisse, unies par des sentiments d'humanité et se souvenant des nombreuses relations, tant anciennes que nouvelles, qui ont existé entre les Etats suisses et ladite Ville, sont venues en aide aux infortunés habitants, il s'est constitué aussi à Porrentruy un Comité dans le but de secourir dans leur détresse les habitants de la ville assiégée de Belfort, auxquels Porrentruy est uni par de nombreux rapports d'amitié et de bon voisinage. Il ne s'agit pas non plus ici d'exercer une influence sur la marche de l'action militaire, comme, par exemple, de renforcer ou d'affaiblir les éléments de résistance, mais uniquement de soustraire aux horreurs d'un siége, peut-être même de sauver de la destruction dont elle est menacée, une population inoffensive (femmes, enfants, vieillards), attendu que la Ville se trouve enfermée entre la ligne des fortifications et la citadelle. Le Comité estime que la permission de sortir pourrait d'autant plus facilement être accordée à cette portion de la population de Belfort, qu'il pourvoira aussi au transport, au logement et à l'entretien des arrivants.

» Les délégués désignés pour préparer la sortie qui serait accordée, sont : MM. Paulet, directeur du cadastre; Schneider, vice-président du tribunal du district de Porrentruy, et Froté, lieutenant-colonel, qui auront l'honneur de remettre ces présentes à Votre Excellence.

» Comme, abstraction faite de toute autre considération, il s'agit d'une œuvre d'humanité parfaitement compatible avec la position d'un Etat neutre, le Conseil fédéral n'hésite pas à l'appuyer par la présente lettre d'introduction, en recommandant MM. les Délégués au bienveillant accueil de Votre Excellence.

» Je saisis en même temps cette occasion pour

vous présenter, Monsieur le général, les assurances de sa haute considération.

> » AU NOM DU CONSEIL FÉDÉRAL SUISSE :
>> » *Le Président de la Confédération,*
>>> » Signé : DUBS.
>> » *Le Chancelier de la Confédération,*
>>> » Signé : SCHIES.

>> » Pour copie conforme :
>> » *Le Colonel commandant supérieur,*
>>> » Signé ; DENFERT. »

Malheureusement, cette démarche n'a pu, jusqu'à ce jour, aboutir, et des renseignements parvenus à Belfort, de source sérieuse, ont fait connaître la cause de cet insuccès, c'est que le général commandant les troupes ennemies attendrait, pour y donner suite, quelques mots du Gouverneur de la place.

M. le Préfet du département, qui s'est enfermé dans les murs de Belfort, mû par un sentiment d'humanité qui l'honore et dont la population lui sera reconnaissante, a écrit à M. le Gouverneur une lettre pressante pour obtenir de lui qu'il consentît à cet acte de convenance et d'humanité, qui, à ses yeux, est complètement en dehors de toute question militaire et de dignité. Il n'a rien obtenu.

M. le Maire, à son tour, toujours soucieux de défendre les intérêts de la population et jaloux surtout de venir en aide à cette partie des habitants dont les ressources n'auraient pas permis le départ des femmes et des enfants, avant que les Suisses, dans leur générosité, n'aient songé à leur assurer un abri et des moyens d'existence, a écrit de son côté la lettre suivante :

6 janvier 1871.

Monsieur le Gouverneur,

J'ai eu l'honneur de vous entretenir hier, en présence de M. le Préfet du département, de la question du départ des femmes, des enfants et des vieillards de cette Ville, en vous faisant connaître que d'après une lettre arrivée de la Suisse, le général prussien, qui commande devant Belfort, paraît désirer que la demande dont la Société internationale, après une initiative qui l'honore et lui assure à jamais notre reconnaissance, soit accompagnée d'un mot de vous, Monsieur le Gouverneur. Vous m'avez répondu spontanément que, par des raisons toutes militaires, vous ne croyiez pas pouvoir consentir à faire jamais une pareille démarche auprès du général de Treskow.

Permettez-moi, Monsieur le Gouverneur, au nom de l'humanité et au nom de cette partie si intéressante de la population, dont je connais les cruelles souffrances, et à qui il est de mon devoir de chercher à venir en aide par tous les moyens possibles, de vous renouveler officiellement la demande que j'ai pris la liberté de vous adresser verbalement, et de vous conjurer de faire pour les habitants de Belfort, qui vous donnent tous les jours tant de preuves de courage, de dévouement et de patriotisme, une démarche qui, je le crois, n'a rien d'incompatible avec les exigences de votre haute position, et n'engagera en rien votre responsabilité vis-à-vis le Gouvernement et vis-à-vis l'histoire. L'heure des privations approche pour tous, et laissez-moi ajouter que peut-être, au point de vue de la défense, il serait préférable d'avoir moins de bouches inutiles à loger et à nourrir.

Je vous serai personnellement obligé, Monsieur le Gouverneur, de vouloir bien, pour qu'il reste trace de ma démarche dans les archives de la Ville, me faire l'honneur de répondre à ma lettre qui, croyez-le bien, est l'expression respectueuse des sentiments de mes compatriotes. Ils vous seront éternellement reconnaissants de ce que vous voudrez bien faire pour eux dans cette circonstance, qui intéresse à un si haut point, ce qu'ils ont de plus cher au monde, leurs femmes, leurs enfants et les vieillards.

Veuillez agréer, Monsieur le Gouverneur, l'assurance de ma haute considération.

Le Maire,
Signé : Mény.

Le Conseil a décidé que la réponse de M. le Gouverneur serait également transcrite, afin qu'à l'avenir on puisse toujours savoir sous quelles raisons alléguées l'acte d'humanité sollicité a été refusé :

Belfort, le 7 janvier 1871.

Monsieur le Maire,

J'ai l'honneur de vous accuser réception de votre

lettre du 6 courant, par laquelle vous me demandez une démarche auprès du général ennemi, pour obtenir la sortie de Belfort, des femmes, des enfants et des vieillards.

Voici les principes qui me servent de guide en cette matière : les faits de cette guerre et la manière dont les Allemands la poursuivent, sous la conduite de leur roi, démontrent, de la manière la plus évidente, qu'ils sont décidés à procéder à toutes les violences, de quelque nature qu'elles soient, contre les populations françaises. La guerre qu'ils nous font est une guerre de race sans aucun ménagement

En présence de cette situation , quelle doit être notre conduite? Etre implacable vis-à-vis de l'ennemi, quand il est debout et en armes sur notre territoire, ne lui demander aucune grâce quelconque et n'en accepter aucune de lui. C'est à ces conditions que la défense peut se faire de la manière la plus profitable, et c'est ainsi qu'elle nous conduira le plus rapidement et avec le moins de sang versé, à l'expulsion de l'envahisseur.

Il m'est donc impossible, Monsieur le Maire, de faire aucune démarche près du général de Treskow.

Lorsque M. le Président de la Confédération Suisse, mû par des sentiments d'humanité, est venu s'offrir comme intermédiaire, il a positivement déclaré dans sa dépêche, qu'il n'entendait ni renforcer ni affaiblir les moyens de résistance de la place. En acceptant en principe sa proposition, je lui ai indiqué les conditions auxquelles on pouvait y satisfaire sans nuire à la défense et sans changer les situations militaires de l'assiégeant et de l'assiégé. M. le général de Treskow n'ignore pas que mes conditions sont *élémentaires*, et s'il ne veut pas accéder à la démarche de

M. le Président de la Confédération suisse, sans une
démarche de ma part, vis-à-vis de lui, c'est qu'il entend me faire commettre un acte de faiblesse con-
traire à mon devoir et affaiblir, par conséquent, la
résistance de la place.

Les choses doivent donc en rester au point où elles
se trouvent, à moins que M. le général de Treskow
n'accepte les propositions que j'ai faites à M. le Président de la Confédération helvétique, et dont je lui
ai donné connaissance.

Veuillez agréer, Monsieur le Maire, l'assurance de
ma haute considération.

Le Colonel commandant supérieur,
Signé : DENFERT.

Le Conseil, à l'unanimité, s'est refusé à
croire que parce que, selon M. le Com-
dant, nos ennemis seraient assez odieux
pour faire une guerre de race et d'extermi-
nation, ce soit une raison pour ne pas
profiter de toutes les occasions qui pourraient se présenter pour en adoucir les
horreurs à l'égard de la portion malheureuse
d'une population qui, par son attitude, sa
résignation et son courage, a su conquérir
l'estime de tous ; le Conseil s'est refusé à
penser que l'accomplissement d'une œuvre
d'humanité puisse, à aucun point, avoir les
apparences de la faiblesse, il a manifesté sa
profonde reconnaissance pour les démarches faites par la nation suisse, sa gratitude

pour l'initiative prise par M. le Préfet, et approuvé absolument la lettre de M. le Maire, qu'il déclare être l'expression de ses sentiments unanimes et énergiques.

Pour compléter nos renseignements à l'égard de cette question, nous croyons devoir transcrire encore ici la lettre suivante que M. le Gouverneur avait écrite à M. le Préfet, le 17 décembre, dans la pensée que le général de Treskow donnerait suite à la démarche de MM. les délégués suisses.

Cette lettre est ainsi conçue :

Belfort, le 17 décembre 1870.

Monsieur le Préfet,

J'ai l'honneur de vous adresser copie d'une lettre que je viens de recevoir de M. le Président de la Confédération Suisse, au nom du Conseil fédéral.

Dans cette lettre, M. le Président de la Confédération, mû par les sentiments d'humanité dont la Suisse a déjà donné le noble exemple au commencement de cette guerre, demande l'autorisation de soustraire aux horreurs du siége les femmes, les enfants et les vieillards de la ville de Belfort.

Je suis disposé à accueillir cette demande dans les limites compatibles avec les intérêts de la défense. Je ne puis autoriser la sortie que des femmes, enfants et vieillards de la moralité desquels je suis assuré, pour qu'il ne soit commis envers l'ennemi aucune indiscrétion préjudiciable à ceux qui restent et qui ont charge de fournir à la défense.

Je viens donc vous prier, M. le Préfet, de vouloir

4

bien m'accorder votre concours pour les laisser-passer à donner aux femmes, enfants et vieillards qui peuvent sortir sans inconvénient.

Comme vous êtes mieux placé que moi, M. le Préfet, pour apprécier la partie de la population civile digne de confiance, je suis tout disposé à m'en rapporter à vous pour les permissions à accorder ; mais je vous prie instamment de tenir compte, dans vos désignations, des nécessités de la défense, qui doivent primer toute autre considération.

Tout en remerciant Messieurs les Membres du Conseil fédéral Suisse de leur bienveillante intervention en faveur de la population de Belfort, je compte leur répondre que, pour cette opération, je ne consentirai à un armistice qu'à la condition expresse que cet armistice aura lieu de dix heures du matin à trois heures du soir, et qu'il sera entendu que, pendant la durée de l'armistice, l'armée ennemie ne pourra exécuter aucun travail de tranchées contre la place, et qu'il ne sera tiré, bien entendu, aucun coup de canon, ni des batteries ennemies ni des fortifications. Enfin, les femmes, les enfants et les vieillards, seront conduits le jour même au-delà de la frontière, sur le territoire suisse, sous la surveillance et la responsabilité des délégués du Conseil fédéral.

Veuillez agréer, etc.

Le Colonel commandant supérieur,
Signé : DENFERT.

P.-S. — J'aurais besoin de connaître au plus tôt le jour fixé pour la remise des femmes, enfants et vieillards à la délégation du Conseil fédéral. Veuillez me renseigner à cet égard pour la réponse à faire au Conseil fédéral.

A la réception de cette lettre, M. le Préfet s'empressa de charger le Maire de dresser la liste des femmes, des enfants et des vieillards qui demanderaient à quitter la Ville.

Cet état, dressé immédiatement, contenait le chiffre de 1251 demandes, chiffre énorme pour une population qui était déjà réduite, par suite des départs, à 4,000 habitants environ.

Ce travail est divisé en trois parties.

La première, s'appliquant aux demandes des particuliers habitant leurs maisons, renferme.................. 1052 demandes.

La seconde renferme 186 demandes faites par les personnes se trouvant dans les caves de l'Hôtel-de-Ville et de l'Église.... 186 »

Et enfin, la troisième comprend 13 demandes faites par des étrangers habitant la Ville........ 13 »

Chiffre égal...... 1251 »

Nous avons le regret de constater qu'il ne fut donné aucune suite à ce départ.

Il faut avoir été témoin des angoisses et des souffrances physiques et morales aux-

quelles se trouve en proie une population
assiégée pour comprendre les émotions que
fit naître dans les familles cet incident de
la sortie.

Quelque déchirante que dût être une sé-
paration dans ces cruels moments, on se
résignait à l'accomplir, car, au point où en
était arrivé le bombardement, on pouvait
croire que, dans un temps donné, aucun
point de la Ville ne serait épargné par les
canons ennemis, et que la plupart des habitants trouveraient leur tombeau sous les
ruines de leurs maisons. Néanmoins, il fallait que les hommes, dont le devoir était de
demeurer dans la place, usassent de tout
leur ascendant pour persuader leurs mères,
leurs épouses, leurs sœurs, de s'éloigner de
leurs habitations destinées à s'écrouler bientôt sous les coups des obus et des bombes
pleuvant de tous côtés sur la cité.

Combien eussent été déchirants des adieux
prononcés en de semblables moments !

Les nécessités de l'attaque et de la défense alléguées, soit par le Commandant de
Belfort, soit par le général ennemi, s'oppo-
sèrent à l'accomplissement de cette sépara-
tion des familles et mirent un terme aux
préparatifs de départ qui s'étaient opérés
dans l'espoir que les droits de l'humanité

l'emporteraient sur les inflexibles lois de la guerre.

Il faut dire hautement, à la louange des femmes de Belfort, que ce fut avec un sentimentde joie orgueilleuse qu'elles apprirent que les négociations de leur départ étaient rompues, et qu'elles resteraient dans la Ville pour continuer à partager les dangers de leurs frères et de leurs époux.

Honneur donc, et reconnaissance éternelle à ces braves Belfortaines, qui ont donné cet exemple d'héroïsme, dont le souvenir ne périra pas dans la mémoire de leurs enfants!

Le *Journal de Belfort,* toujours prêt à encourager le dévouement de la population, s'était déjà rendu l'organe des sentiments de tous, en publiant un article où il parlait ainsi des femmes de la Ville assiégée :

« Nous assistons, en ce moment, à la ruine de nos
« demeures,non pas, comme on l'a dit, *avec indiffé-*
« *rence,* ce qui de notre part annoncerait une insen-
« sibilité brutale pour nos proches et les plus chers
« objets de notre affection, mais, du moins, avec un
« calme courageux, et avec l'espoir que le sacrifice
« qui nous est imposé ne sera pas inutile à la déli-
« vrance de notre patrie.
« Ce que nous devons surtout constater, à l'hon-
« neur du sentiment de patriotisme qui règne dans
« notre cité, c'est que, dans les épreuves que nous

« traversons, les mères, les filles et les épouses
« donnent, au sein des familles où elles ont voulu
« demeurer, l'exemple du dévouement et de la pa-
« tiente énergie, et que, loin de faiblir devant le
« spectacle des désastres que nous inflige la fureur
« insensé de l'ennemi, elles se montrent prêtes à
« braver avec nous les dangers d'une redoutable
« situation.

« Puisse l'année qui s'ouvre devant nous ne pas
« tarder à récompenser ces généreux efforts de notre
« population, et puisse notre cité, comme la France
« elle-même, sortir victorieuse d'une lutte que nous
« impose un ennemi acharné à notre ruine, mais
« dont la Providence déjouera les funestes desseins !

Toutefois, il survint le 6 février 1871 un incident qui remit encore en question cette sortie, désirée par les uns, et plutôt redoutée de celles qui en étaient le principal objet. Voici à quelle occasion :

A la suite de l'assaut des Perches tenté le 26 janvier, nous avions fait à l'ennemi 227 prisonniers qui avaient été renfermés dans la prison de la Ville.

Mais dans la nuit du 30 au 31, un obus tombé dans la prison, tua 4 Prussiens et en blessa 14.

C'est à la suite de cet accident que fut écrite la lettre suivante, adressée au Capitaine chargé de l'administration des prisonniers :

Belfort, le 6 février 1871.

Monsieur le capitaine Paraigre, à Belfort,

Au nom des officiers prussiens internés ici, je me crois obligé de vous présenter les lignes suivantes :

« La situation des prisonniers prussiens internés à Belfort est telle qu'ils sont exposés à être massacrés à tous les moments. Vous le savez, M. le Capitaine, il n'existe plus le moindre abri. Par conséquent, nous venons vous prier de proposer à M. le Commandant supérieur, en lui expliquant cette situation intenable, ou de donner aux prisonniers de guerre un refuge à l'abri des bombes ou de les rendre au général von Treskow.

» Comme vous le savez, M. le Capitaine, à la suite des batailles de Gravelotte et de Courcelles, le maréchal Bazaine avait entre les mains des milliers de prisonniers allemands. Ne pouvant pas les nourrir, il s'est empressé de les rendre au prince Frédéric-Charles, son adversaire.

» Ici, mon Capitaine, il ne s'agit pas de nourriture, mais d'une chose aussi importante, d'un logement pouvant offrir toute sécurité pour des malheureux soldats prussiens, qui sont aujourd'hui complètement en dehors de la situation actuelle de la place.

» Je vous prie de vouloir bien porter ce fait à la connaissance de M. le Commandant supérieur.

» Agréez, etc.

» Signé : HEINCIUS, *capitaine.* »

Le Colonel gouverneur répondit immédiatement par la lettre suivante à M. le Commandant de place qui lui avait transmis la demande de M. le capitaine Heincius :

M. Heincius, capitaine prussien prisonnier de guerre,

demande que, ne pouvant mettre à l'abri les officiers et soldats prisonniers de guerre, on les rende à M. le général de Treskow.

Je vous prie d'informer ces officiers que M. le Président de la Confédération Suisse a, dans l'intérêt de l'humanité, demandé que les femmes, les enfants et les vieillards soient autorisés à sortir de la place.

J'ai consenti à cette sortie, malgré les inconvénients qu'elle pouvait avoir pour la défense de la place. Mais, M. le général de Treskow n'a donné aucune réponse aux ouvertures de la Confédération Suisse, et les femmes, enfants et vieillards ont dû rester dans la Ville, exposés comme le sont MM. les officiers et soldats prussiens, aux dangers d'un bombardement qui dure depuis plus de 65 jours.

Je suis prêt à ne conserver comme prisonniers de guerre que les officiers et soldats que je pourrai mettre à l'abri, si M. le général de Treskow veut autoriser la sortie de Belfort, des femmes, enfants et vieillards, comme elle lui a été demandée par M. le Président de la Confédération Suisse.

Je suis prêt également à envoyer un parlementaire à M. le général de Treskow, porteur de la lettre adressée par M. le capitaine Heincius à M. le capitaine Paraigre, et de la présente réponse à MM. les officiers prussiens, me demandant par écrit de faire cette démarche.   Signé : DENFERT.

Lettre de MM. les officiers prussiens à M. le Commandant supérieur :

Belfort, le 6 février 1871.

Monsieur le Commandant supérieur de la place de Belfort,

Suivant la demande contenue dans votre lettre honorée d'aujourd'hui, adressée à M. le Commandant de place, j'ai l'honneur de vous informer, M. le Commandant supérieur, que j'accepte votre offre au nom des officiers prussiens internés à Belfort, en vous remerciant de vos soins.

En même temps, j'espère que vous aurez l'obligeance d'expédier cette lettre ci-jointe au général de Treskow.

Je vous prie d'agréer, etc.   HEINCIUS, *capitaine*.

Sens en français de la lettre écrite par les officiers prussiens au général de Treskow :

J'ai l'honneur de vous faire connaitre respectueusement la situation des prisonniers de guerre prussiens à Belfort. Internés, d'abord, tous ensemble dans un local exposé au tir de l'assiégeant, ils ont eu plusieurs blessés et même des morts. A la suite de ces malheurs, une partie d'entre eux a été placée dans une casemate ; mais les autres, qu'on n'a pu abriter de même, restent entassés dans les corridors, au rez-de-chaussée, où les projectiles ont encore occasionné de nouvelles blessures. Les officiers habitent une chambre donnant sur un corridor. J'ai crû devoir exposer ces faits au capitaine Paraigre, chargé de s'occuper des prisonniers, et j'ai reçu en réponse une lettre adressée par M. le colonel Denfert à M. le Commandant de place, et dans laquelle il se déclare prêt à renvoyer, sous certaines conditions, ceux des prisonniers auxquels on ne peut donner un abri sûr, et à expédier, par un parlementaire, une demande écrite que je ferais dans ce sens. Tel est l'objet de la présente lettre rédigée dans l'intérêt collectif des prisonniers, et qui sera remise à Votre Excellence avec les pièces de la correspondance qui l'a provoquée.

Signé : HEINCIUS, capitaine.

Enfin, le 8 février 1871, le Colonel commandant supérieur publia l'ordre suivant qui mit fin à l'incident :

Le Colonel commandant supérieur a reçu de M. le lieutenant-général de Treskow, commandant en chef de l'armée assiégeante, la réponse à la communication qu'il lui avait faite à la demande de MM. les officiers prussiens prisonniers de guerre. Cette réponse consiste dans la lettre suivante adressée par M. le général de Treskow à M. le capitaine-royal prussien Heincius, le plus élevé en grade des prisonniers :

« En réponse à votre lettre qui m'a été communiquée en copie par le Commandant de Belfort, je vous fais connaître qu'il m'est impossible de donner aucune suite à la demande qu'elle renferme.

» Il dépendait de vous de vous rendre prisonniers ou non. Ayant pris le premier parti, vous devez en supporter les conséquences.

» Vous voudrez bien communiquer ce qui précède aux autres officiers prisonniers. »

———

Publication du Journal : LE SIÈGE DE BELFORT.
Service des exprès pour la Correspondance.

Avant de terminer cette première partie

de notre travail, et pour compléter nos renseignements, nous rappelons qu'un journal
spécial fût créé sous le nom de : *Le Siége
de Belfort*, par M. Favret, professeur à l'é-
cole d'agriculture de Rouffach.

Le premier numéro de ce journal parut le
10 novembre, et le dernier le 12 février.

Soit par suite de la grande difficulté de
se procurer des documents officiels, soit
dans la crainte de publier des renseignements qui auraient pu profiter à l'ennemi,
ce journal, malgré son titre si attrayant, et
malgré les efforts de son Directeur, ne répondit pas toujours à l'attente générale.

Mais M. Favret se rendit plus utile à la
Ville en organisant avec habileté, pendant
toute la durée du siége, un service d'hommes
courageux et dévoués, qui, souvent au péril
de leur vie, colportaient les journaux et les
lettres qui étaient attendus avec tant
d'anxiété et reçus avec tant de joie par chacun de nous ! Quelle fête dans les familles,
lorsque, de loin en loin, il arrivait une lettre, un mot d'un être aimé pour lequel on
allait trembler encore jusqu'au jour où l'on
serait de nouveau rassuré sur sa chère
existence ! Qui de nous ne se rappelle les
larmes de découragement et de désespoir
qu'il a versées silencieusement, lorsque de

longs jours, de longues semaines se pas-
saient sans lettres, sans nouvelles! Cette
souffrance fut, certes, la plus cruelle de
toutes celles que nous eûmes à supporter
pendant le siége.

DEUXIÈME PARTIE

Faits de guerre et période du bombardement.

Nous ne sommes pas à même, et nous n'essaierons pas de donner des renseignements complets ou techniques sur les différentes phases des faits ou opérations militaires qui ont eu lieu, tant pendant la période de l'investissement que pendant celle du bombardement. Nous devons laisser ce soin à des hommes plus compétents.

Au surplus, ces faits sont consignés dans le journal de défense qu'a dû dresser jour par jour, le Commandant supérieur, conformément au décret du 13 octobre 1869. On annonce également une relation militaire du siége par MM. les capitaines Thiers et de la Laurencie, qui offrira certainement le plus grand intérêt, par suite de la position exceptionnelle que ces officiers ont occupée dans la place. Quant à nous, nous nous bornerons à parler des événements dont nous avons été témoin, ou qui sont venus à

4

notre connaissance par notre situation personnelle ou par la notoriété publique.

Notre travail, nous le répétons, n'est qu'une relation historique, au point de vue de la Ville, de ses intérêts et de ses souffrances.

I.

Nous croyons devoir commencer la relation qui va suivre en faisant connaître la lettre que le général de Treskow a adressée au Gouverneur, au commencement de l'investissement et la réponse qu'y a faite le colonel Denfert :

Devant Belfort, le 4 novembre 1870.

Très honoré et honorable Commandant,

Je me fais un honneur de porter très respectueusement à votre connaissance la déclaration suivante :

« Je n'ai pas l'intention de vous prier de me rendre la place de Belfort; mais je vous laisse le soin de juger s'il ne conviendrait pas d'éviter à la Ville toutes les horreurs du siége, et si votre conscience et votre devoir ne vous permettraient pas de me livrer la forteresse dont vous avez le commandement.

» Je n'ai d'autre intention, en vous envoyant cet écrit très respectueux, que de préserver, autant que possible, la population du pays des horreurs de la guerre.

» C'est pourquoi je me permets de vous prier de vouloir bien, dans la limite de vos pouvoirs, faire connaître aux habitants, que celui qui s'approchera de la ligne d'investissement, à portée de nos canons, mettra sa vie en danger.

» Les propriétaires de maisons situées entre la place et notre ligne d'investissement doivent se hâter de mettre leur mobilier en lieu sûr, car, d'un instant à l'autre, je puis être obligé de réduire les maisons en cendres.

» Je saisis cette occasion pour vous assurer de mon estime particulière.

» Signé : De TRESKOW.

» *Général-commandant royal-prussien des troupes concentrées devant Belfort.* »

Voici la réponse que fit à cette lettre M. le colonel Denfert :

Le Colonel commandant supérieur au général de Treskow, commandant les troupes allemandes devant Belfort :

« Général,

» J'ai lu avec toute l'attention qu'elle mérite la lettre que vous m'avez fait l'honneur de m'écrire avant de commencer les hostilités. En pesant dans ma conscience les raisons que vous me développez, je ne puis m'empêcher de trouver que la retraite de l'armée prussienne est le seul moyen que conseillent à la fois l'honneur et l'humanité pour éviter à la population de Belfort les horreurs d'un siége.

» Nous savons tous quelle sanction vous donnerez à vos menaces, et nous nous attendons, général, à toutes les violences que vous jugerez nécessaires pour arriver à votre but ; mais nous connaissons aussi l'étendue de nos devoirs envers la France et envers la République, et nous sommes décidés à les remplir.

» *Le Commandant supérieur,*

» Signé : DENFERT. »

II.

Ainsi que nous l'avons expliqué au commencement de cette relation, et ainsi que le confirme au surplus la lettre du général de Treskow, datée du 4 novembre 1870, que nous venons de relater, l'investissement de la place eut lieu le 3 novembre.

Ce jour-là, le fort de la Miotte eut l'honneur de tirer à neuf heures du matin le premier coup de canon du siége.

Dès la veille, l'ennemi s'était avancé des Errues à Grosmagny, où eut lieu un premier engagement dans lequel nos troupes, qui occupaient ce village, furent forcées de se replier sur Belfort à trois heures de l'après-midi.

Remarquons ici que, pour les hommes compétents, la route des Errues à Grosmagny était le passage stratégique le plus important à défendre pour préserver Belfort. Aussi ce chemin avait-il été miné, et chacun s'étonna que l'on n'eût pas songé à le faire sauter. Quelques pièces de campagne et une

poignée de braves soldats eussent peut-être
suffi, en ce moment, sinon pour empêcher
l'investissement de Belfort, du moins pour
le retarder quelque temps et faire payer
cher à l'ennemi la possession de ce défilé,
qui lui permit sans doute de cerner plus facilement la place.

A partir de ce commencement d'investissement, l'ennemi chercha à établir ses batteries sur différents points aux environs de
la place. Leurs premières tentatives, à cet
effet, eurent lieu à Vézelois, à Bessoncourt,
à Perouse, au Valdoie. Ils paraissaient tâ-
tonner et nous les apercevions tous les
jours, avec une longue vue, soit du haut de
la tour de la Miotte, soit du fort de la Justice, cherchant de nouveaux points d'atta-
ques. On les voyait travailler à des rem-
blais jusque sur un plateau situé entre Sermamagny et Lachapelle-sous-Chaux. Nous
avons distingué plusieurs jours de suite
deux uhlans, montant gravement une fac-
tion entre Roppe et Vétrigne. Mais, ou le feu
de la place ne leur permit pas de s'établir
dans ces différents endroits, ou, ce qui est
plus probable, renoncèrent-ils à le faire
eux-mêmes pour se diriger vers un autre
point qu'ils ont cherché à masquer jusqu'au
dernier moment.

Malheureusement, pendant cette période, les villages les plus rapprochés de nous payèrent-ils bien cher leur voisinage de la place.

Ainsi, le 6 novembre, eut lieu déjà l'incendie de plusieurs maisons à Vézelois par le feu de nos batteries. Le 9, celui de la ferme de MM. Lang, entre Valdoie et Sermamagny; le 24, celui de quelques maisons au Valdoie et à Offemont.

Nous avons entendu beaucoup de personnes se plaindre, à tort selon nous, pendant et depuis le siége, que le Gouverneur n'eût pas fait faire des sorties assez nombreuses, pour éloigner l'assiégeant de la place. Elles ne se sont pas rendu assez compte de la force et de la composition de la garnison qui, à part deux bataillons de troupes régulières, ne comprenait que des gardes mobiles, très dévoués et très courageux, sans doute, mais qui n'avaient pas l'instruction militaire suffisante, et qui, surtout, n'étaient pas commandés par des chefs ayant l'expérience et l'autorité nécessaires. Aussi, presque toutes les sorties n'eurent pas le résultat qu'on espérait, et, en dernier lieu, on dut y renoncer presque complètement, par la raison que la garnison s'affaiblissait de jour en jour, sans pouvoir se renouveler, et amoindrissait ainsi les forces de la place. La véritable, la seule ressource était, comme dans presque tous les siéges, dans l'artillerie, qui, jusqu'au dernier jour, a eu un rôle admirable; elle a été la terreur et a fait l'étonnement des assiégeants eux-mêmes. Et, à cet égard, il est de notoriété que les troupes allemandes campées hors des lignes d'investissement tremblaient lorsque leur tour arrivait de marcher aux tranchées, où elles perdaient relativement beaucoup plus d'hommes que dans aucun de leurs autres siéges. Les soldats se confessaient, communiaient avant de partir, et l'on cite un régiment prussien qu'on a dû renvoyer en Allemagne tant était devenue grande sa démoralisation et sa frayeur de venir devant Belfort.

Quoi qu'il en soit, la première sortie sérieuse qui fut tentée par nos troupes eut lieu vers Bessoncourt le 15 novembre, à cinq heures du matin. Elle ne réussit pas, malheureusement, quoique vigoureusement soutenue par les canons de la place, par suite surtout d'une fausse manœuvre d'une compagnie d'infanterie régulière, qui se trompa de chemin, et arriva en retard d'une heure, venant du côté du village de Roppe. Nous y avons perdu trois braves officiers :

M. de Lanoir, commandant du 2ᵉ bataillon de la mobile de la Haute-Saône, ainsi que MM. les capitaines Perret et de Nerbonne.

Quelques jours après, les corps de ces trois officiers furent rendus par les Prussiens, avec tous les honneurs de la guerre, à leur bataillon, qui fut autorisé, par un parlementaire, à aller les chercher jusqu'en deçà de Bessoncourt. L'ennemi donna une certaine solennité à cette cérémonie. Les troupes, en grande tenue, étaient rangées devant les cercueils qu'ils avaient décorés de fleurs. Un grand nombre d'habitants, parmi lesquels nous nous trouvions, se sont joints à ce triste cortége depuis le village de Perouse.

Ce fut le seul de ce genre, le Gouverneur ayant renoncé à envoyer des parlementaires à l'ennemi, et ne voulant pas surtout lui faire connaître davantage quel était déjà, à cette époque, l'état de nos troupes.

Le 24 novembre, divers engagements eurent lieu sur la lisière du Mont, qui n'avait pas été fortifié, et où l'on craignait, à chaque instant, de voir s'établir les Prussiens. Nos malheureux mobiles campèrent pendant onze jours consécutifs dans cette forêt ainsi que dans celle du Salbert, sans abri, ayant de l'eau et de la boue jusqu'aux genoux.

Ils en revinrent démoralisés, dans un état déplorable, et beaucoup d'entr'eux en rapportèrent le germe de la petite vérole et de la fièvre typhoïde qui firent depuis un si grand nombre de victimes dans la Ville et dans la garnison.

Le même jour, 24, l'ennemi lança depuis le Valdoie les premiers obus qui aient atteint la Ville. Ils tombèrent dans le cimetière, sur la sacristie de la chapelle, dans la rivière la Savoureuse et sur le champ de manœuvres. Un seul atteignit une maison du faubourg du Magasin, celle du sieur Jeanpierre, dont elle effondra la toiture. Ces obus ne firent pas de grands dégâts et ne blessèrent personne. Quelques autres furent lancés en même temps sur le fort des Barres, mais celui-ci riposta vigoureusement et fit taire immédiatement cette batterie.

Le 25 et les jours suivants, la fusillade continua avec un certain acharnement du côté du Mont et à l'entrée du village d'Essert dans lequel les Prussiens commençaient à installer sérieusement leurs batteries de siége.

A cette époque eurent lieu journellement divers engagements, sans grand résultat, du côté des villages d'Offemont, de Danjoutin et de Botans. La compagnie de garde nationale mobilisée de Belfort prend part à presque tous les engagements du côté d'Offemont. Disons, en passant, que cette compagnie a fait bravement son devoir et a été souvent au poste le plus périlleux pendant toute la durée du siége. Un de ses sergents, M. Montpellier, a eu un bras emporté par un éclat d'obus sur le pont de la Savoureuse.

Pendant cette période, tous les canons des forts de la place tirent sans relâche dans toutes les directions pour empêcher l'ennemi d'approcher et d'établir ses batteries, notamment sur les villages d'Essert, de Bavilliers et de Sevenans, et particulièrement sur la propriété de M. Saglio, dans ce dernier village, et dans laquelle s'était établi l'état-major prussien avec 400 hommes. On l'en délogea, et il alla s'installer hors la portée de nos canons, à Bourogne, dans la maison de M. Armand Vieillard, où il séjourna pendant toute la durée du siége.

Nos avant-postes, pendant l'investissement, étaient à Danjoutin, à Offemont, à Perouse, à Essert et Bavilliers. Ils furent malheureusement obligés de se replier successivement, à mesure que l'ennemi s'avançait.

Une compagnie de francs-tireurs d'Altkirch était campée à Danjoutin et faisait le coup de feu presque tous les jours.

On a évalué à 7000 le nombre des projectiles tirés par les batteries des forts pendant la durée de l'investissement, dont 4,500 de 12 et 2,500 de 24. Le seul jour de l'affaire du Mont, le 24 novembre, la place a lancé plus de 1,700 obus.

Nous rappelons que c'est pendant cette période qu'eut lieu la capitulation de Neuf-Brisach, le 10 novembre, et celle de Verdun quelques jours après.

Il ne restait plus que la forteresse de Bitche qui se défendait encore.

En sorte que Belfort était seul debout en Alsace à la fin de son investissement.

Bombardement.

Nous voici arrivés à la période la plus glorieuse, mais aussi la plus douloureuse pour la place et pour la Ville.

En effet, le bombardement commença rigoureusement le samedi 3 décembre 1870, à sept heures du matin.

Ce ne fut pas sans une profonde émotion que l'on vit tout d'abord les projectiles ennemis atteindre le Château, où un artilleur fut blessé dès les premiers coups. Selon le dire même des officiers du génie, il était impossible que la citadelle fût touchée avant la prise de l'un au moins des forts détachés qui environnaient la place.

C'est ce jour-là que les habitants entrèrent généralement dans les caves.

Le dimanche 4, un obus lancé par les batteries ennemies entra à onze heures et demie dans le rez-de-chaussée de la maison de M. Mény, Maire, sur la place d'Armes, et produisit les premiers dégâts sérieux. On était à ce moment-là à l'une des dernières messes qui se dirent dans l'église paroissiale dont est voisine la maison du Maire, et l'explosion du projectile, auquel on n'était pas encore habitué, produisit une panique générale.

Le même jour, à dix heures du matin, un des premiers obus éclate dans le magasin des fourrages militaires, situé dans la cour de l'Espérance, y provoque un violent incendie et le détruit en partie. C'est le premier incendie du siége qui ne faisait que commencer.

Le 6, trois incendies nouveaux détruisirent successivement dans le faubourg de France une partie des maisons Canet, Rochet et Houbre. Cette partie des faubourgs ne souffrit réellement que pendant les premiers jours du bombardement.

C'est ce jour-là que fut blessé, au fort des Barres, le brave capitaine Deffayet qui, pour détourner le canon de l'ennemi pendant ces incendies, multiplia le feu de ses batteries.

Le 16, un de nos compatriotes, M. Maré, sergent infirmier à l'hôpital militaire, a le bras droit emporté dans la cour de l'Espérance.

Le 20, l'ennemi avait déjà tiré sur les forts et sur la place plus de 50,000 projectiles.

Le 24, un obus pénètre dans le corridor de la maison de Mme Marie, sur la place d'Armes, habitée par M. Munschina, Procureur de la République, et y blesse mortellement ses deux domestiques à l'entrée de leur cave.

Le 25, le sieur Pierre Millet et sa femme, demeurant à l'extrémité du faubourg du Fourneau, ont chacun une cuisse coupée dans leur lit, et meurent des suites de leur blessure.

Un de leurs fils est tué quelques jours après d'un éclat d'obus dans une autre maison du Fourneau.

Un autre projectile, tombé dans une maison du faubourg du Magasin pendant la

5

nuit, l'incendie et tue deux enfants du sieur Trochon, employé au chemin de fer, qui est lui-même blessé.

Pendant toute cette période, la plupart des maisons de la Ville et des établissements publics sont cruellement mutilés.

Prise du village de Danjoutin.

Dans la nuit du 8 janvier, une compagnie de la mobile de Saône-et-Loire, qui était de grand'garde au passage à niveau du chemin de fer de Dijon, se laisse surprendre par l'ennemi qui attaque vigoureusement Danjoutin. La générale se fait entendre, et bientôt toutes les troupes de l'intérieur de la Ville, ainsi que la garde nationale, sont sur pied et attendent sur la place d'Armes, par un froid très vif, l'ordre qui n'arrive pas d'aller prendre leur poste de combat. Toute la nuit, nous entendons la fusillade et le canon de la place qui répond sans relâche à celui des assiégeants. A six heures du matin, les gardes nationaux, sont renvoyés chez eux; nous allons aux informations et nous apprenons que les Prussiens se sont emparés de Danjoutin, après une résistance désespérée de nos troupes. Ce fut là un des événements le plus désastreux du siége, puisqu'il permit à l'ennemi d'établir ses batteries à quelques centaines de mètres des Perches et du Château, sans que, à l'étonnement général, le canon de ces forts pût l'en empêcher. Mais, hélas! il faut reconnaître qu'à ce moment-là déjà, le nombre des projectiles était considérablement diminué, et que cette pénurie allait toujours croissante, ce qui a été une des causes principales de l'affaiblissement de la place, en imposant de jour en jour une plus grande économie dans le tir.

Nous eûmes la douleur de perdre dans cette malheureuse affaire,. sur laquelle on parlait de provoquer une enquête militaire, un des plus braves et des plus intelligents officiers de la garnison, M. Degombert, capitaine du génie, qui fut tué sous le pont du chemin de fer, à l'entrée de Danjoutin, en marchant à la tête de quelques hommes du 45ᵉ.

M. Isaac Kœchlin, capitaine d'une compagnie de la garde mobile du Haut-Rhin, y fût blessé d'un coup de feu au bras.

Plusieurs compagnies de la mobile de Saône-et-Loire et du bataillon du 45ᵉ, commandant Gelly, environ 700 hommes, furent faits prisonniers et dirigés le même jour sur l'Allemagne.

Ainsi que nous venons de le dire, cette triste affaire de Danjoutin avait jeté une certaine démoralisation dans la Ville et dans la garnison. Les feux de l'ennemi se rapprochaient de jour en jour, et les désastres devenaient plus nombreux et plus terribles.

On commençait à redouter le dénouement de ce siége, qui durait déjà depuis près de six semaines, et auquel on ne voyait pas d'issue. Nous avions bien besoin, à ce moment-là, de la lueur d'espoir qui, hélas! ne fit que paraître pour s'évanouir aussitôt, mais qui enfin, rendit à beaucoup une résignation nouvelle.

Armée de Bourbaki.

Chacun, en effet, attendait avec anxiété un événement dont on parlait vaguement depuis quelques jours. On disait qu'une armée française venait à notre secours. On prétendait qu'on avait entendu des postes avancés le bruit d'un canon lointain, qui devenait toutes les nuits plus distinct. Enfin, le Gouverneur avait reçu un avis par un exprès arrivé de Besançon à travers les lignes prussiennes.

En effet, nous apprîmes bientôt que le 13, l'armée de Bourbaki, qui marchait sur

Belfort pour le débloquer, avait livré un combat victorieux, disait-on, à Villersexel.

Nous étions déjà dans la joie, lorsque le dimanche 15, vers dix heures du matin, nous entendons tout-à-coup une canonade formidable du côté d'Héricourt. Chacun est dans le délire. Les plus timides sortent de de leurs caves ; les plus braves courent sur les remparts ou sur les points les plus élevés pour chercher à mieux se rendre compte du lieu où se livre la bataille, car personne ne doute, aux décharges terribles qui se multiplient sans relâche, que ce ne soit là une véritable bataille. Personne non plus ne doute du résultat, qui doit être notre délivrance. Nous savons que nous avons, à quelques kilomètres à peine de nous, nos enfants qui font partie de l'armée de secours et se battent presque sous nos yeux, pour venir nous sauver. Nous sommes heureux, fous d'impatience et tremblants tout à la fois ! Nous préparons une place à nos tristes foyers à ceux qui nous tendent les bras, qui vont arriver ! Hélas ! la nuit survient, le bruit de la fusillade et de l'artillerie s'éteint peu à peu, et nous rentrons tristement en espérant la continuation de la lutte et peut-être un meilleur résultat pour le lendemain.

En effet, le 16 et le 17, la canonnade se

fait entendre de nouveau, mais moins vive; elle paraît changer de direction. Enfin, elle va en s'affaiblissant, le bruit s'éloigne de plus en plus, puis cesse complètement dans la journée du 17.

On pressent un échec, et une morne tristesse se répand sur toute la Ville.

Nous avons appris depuis que, si l'armée de Bourbaki avait pu tenir deux heures de plus, le succès était certain. Les Prussiens étaient prêts à battre en retraite. A plusieurs lieues autour de nous, les fourgons de leur armée de siége étaient chargés, et les soldats avaient l'ordre de ne pas quitter leurs sacs et d'être prêts à partir au premier signal.

On a fait un grief au Gouverneur de n'avoir pas ordonné de sorties sérieuses le 15 et le 16 pour inquiéter l'ennemi et provoquer de la part de l'armée assiégeante une diversion qui aurait pu profiter à l'armée de Bourbaki. Il est personnellement à notre connaissance que deux sorties ont été ordonnées, l'une le 15 à une heure de l'après-midi; mais que l'officier supérieur chargé de la commander et d'aller s'entendre immédiatement avec M. le capitaine Thiers, commandant le fort de Bellevue, où nous nous trouvions en ce moment, ne fut prêt qu'entre cinq et six heures du soir, au lieu de l'être à deux heures, ce qui la fit avorter. Le 17, une autre sortie eut lieu du côté d'Essert, mais sans résultat. Il est certain que, pendant la bataille d'Héricourt, l'ennemi prévoyait et redoutait fort une diversion opérée par les troupes de la place de Belfort. Une sortie eut probablement pu devenir un danger sérieux pour l'ennemi et peut-être changer l'issue du combat.

Constatons que le 15, M. de la Laurencie, capitaine d'artillerie, est blessé à la cuisse en pointant une de ses pièces au Château. Cette blessure, heureusement, n'eut pas de suites fâcheuses.

A compter du 17, le bombardement qui s'était ralenti pendant les trois derniers jours, recommença avec plus d'intensité que jamais et devint de jour en jour plus désastreux et plus meurtrier. Il allume les incendies des maisons des frères Lang, Manigold, Beccari et Meillière, à l'extrémité du faubourg de Montbéliard, et celles des maisons Grisez, Jacquemain et Klopfenstein, sur la route de Bavilliers.

Explosion d'une poudrière au Château.

Le 20, à trois heures de l'après-midi, un obus tombé sur un abri, rempli de poudre, de l'enceinte intermédiaire du Château, tue ou blesse 26 artilleurs de la batterie de la mobile du Haut-Rhin, dont était capitaine M. Vallet, notre compatriote. Nous n'oublierons jamais le spectacle affreux que présentaient les abords de cette poudrière où nous nous sommes rendu aussitôt après l'explosion! On marchait littéralement sur des débris humains. Des membres mutilés et noircis par la poudre ont été projetés jusque dans l'intérieur du Fourneau.

M. Simotel, de Colmar, lieutenant de cette batterie, brave et charmant jeune homme, à qui nous avions causé deux heures auparavant, a les deux cuisses emportées par un obus pendant qu'il portait secours aux blessés. Il meurt le lendemain à l'hôpital de l'Espérance.

Prise du village de Perouse.

Dans la nuit de ce malheureux événement, c'est-à-dire du 20 au 21, l'ennemi attaque vigoureusement le village de Perouse, où nous n'avions qu'une faible garnison, et, comme il l'avait fait quelques jours auparavant, il parvient à s'en emparer. L'occupation de Perouse mettait l'ennemi en possession du deuxième village le plus rap-

proché de la ville et lui permettait de se
maintenir sous le feu de nos forts et, pour
ainsi dire, sous la gueule de nos canons.
Aussi nous ne tardâmes pas à ressentir les
effets de ces approches. Jusque-là les batteries ennemies ne nous avaient guère lancé
que des obus, ou, comme les nomment les
Allemands, des grenades,—*granaten*—c'est-
à-dire des projectiles allongés et terminés
en cône, pesant depuis 4 jusqu'à 80 kilogrammes. Ces grenades ou obus, étant à
percussion, éclatent aussitôt qu'ils rencon-
trent un corps assez résistant pour pro-
duire un choc qui allume le fulminate, et,
par conséquent, ne pénètrent pas fort avant
les habitations, à moins d'y entrer par une
baie non fermée. C'est ce qui explique
pourquoi dans certains quartiers, on a pu
se trouver relativement en sûreté dans les
rez-de-chaussées des maisons, alors même
que les étages supérieurs étaient dévastés
et démolis.

Par l'occupation des villages de Perouse
et Danjoutin, et par les batteries qu'elle
put y établir, l'artillerie prussienne fut à
portée d'envoyer des bombes sur les forts et
dans la ville, et l'effet de ces dernières fut,
comme toujours, plus désastreux que celui
des obus. Ce furent les bombes qui allumè-

rent la plupart des incendies et qui occasion-
nèrent le plus de ruines dans les maisons.

Au moment de la capitulation de la place,
l'ennemi qui était prêt à occuper les Hautes
et Basses-Perches, allait y établir des batteries à mortier et s'apprêtait à lancer les
bombes du plus fort calibre sur le Château
et sur la ville. Le fort en eut été certainement ébranlé, malgré la solidité de sa cons-
truction, et les profondes casemates seules
eussent été, pendant quelque temps encore,
à l'abri de ces projectiles foudroyants.

Quant à la ville, on peut dire que, si le
bombardement eut duré quelques jours de
plus, elle eut été littéralement broyée, et
et que la moitié de la population eut été
écrasée sous les décombres des édifices et
des maisons.

Voici, d'après le rapport du chef de la
garnison de Perouse, quelles furent les circonstances de la prise de ce village. Le jour
de l'attaque, le feu des batteries ennemies
redoubla et fit prévoir au commandant
Chapelot le projet d'une entreprise prochaine. Celui-ci en fit prévenir le gouverneur et demanda une batterie de campagne
pour soutenir le choc. Cette batterie arriva
et s'établit dans les carrières voisines du
village :

« L'ensemble de la position occupée par nos troupes, dit M. Chapelot, comprenait Perouse, les bois
sur Merveaux et des Fourches au nord, et le bois en
avant des Perches au sud-est de cette localité. Quatre routes ou chemins aboutissent à Perouse, venant
des villages de Vézelois, Chèvremont, Bessoncourt et
Roppe. Une coupure avait été pratiquée sur chacune
de ces quatre voies; quelques mouvements de terre et
quelques abatis étaient disposés de distance en distance sur toute la lisière des deux bois désignés, et
enfin, plusieurs retranchements avaient été construits
au-dessus des carrières situées au nord de Perouse et
en avant de ce village, du côté de Chèvremont et de
Bessoncourt.

» Le 3e bataillon de la Haute-Saône, une compagnie du 84e et les éclaireurs du 45e étaient chargés
de défendre le bois en avant des Perches, les francs-
devant résister à la coupure de Chèvremont; trois
compagnies du 84e, trois compagnies du Rhône et les
éclaireurs du 84e avaient pour mission la défense du
bois des Fourches, du bois sur Merveaux, du retran-
chement des carrières et de la coupure de Bessoncourt; la compagnie de Saône-et-Loire, commandée
par M. Thibaudet, devait occuper les retranchements
en avant du village; enfin deux compagnies du 84e
formaient réserve au centre.

» Vers minuit, alors qu'un vaste incendie allumé
par les obus lancés dans le village éclairait au loin
l'horizon, des cris formidables, et on peut presque
dire inhumains, se firent entendre dans la direction
du bois en avant des Perches. Ces immenses vociféra-
rations se rapprochèrent avec rapidité et me donnè-
rent à penser que cette partie de nos positions devait
être tombée au pouvoir de l'ennemi, car après peu

d'instants, le silence succéda à cet ouragan, sans être même interrompu par le bruit de la mousqueterie.

» Cependant, que s'était-il passé? Mes appréhensions n'étaient que réalité; bien qu'ils eussent été prévenus de la probabilité d'une attaque, surpris par la brusque irruption de l'ennemi, le bataillon de la Haute-Saône et les francs-tireurs d'Altkirch avaient abandonné leurs postes de défense; ils s'étaient repliés précipitamment sur Perouse, et nous avions perdu en entier le bois en avant des Perches. Le bataillon de la Haute-Saône était donc désuni; le rallier au milieu de l'obscurité pour lui faire reprendre les positions dont il avait été repoussé était impraticable, et d'un autre côté je ne pouvais dégarnir un autre point, dans la crainte d'être tourné. Il fallut donc attendre.

» Cependant ce silence continuait et pouvait faire supposer que, satisfait de son facile succès, l'ennemi se contenterait du résultat qu'il venait d'obtenir, lorsque, du côté des retranchements qui couvraient Perouse vers Bessoncourt et Chèvremont, et du côté également du bois sur Merveaux et du bois des Fourches, se firent entendre de nouveau les hourras et les vociférations des Prussiens.

» Évidemment nous étions attaqués maintenant sur notre flanc gauche et sur nos derrières, et il fallait cette fois repousser énergiquement l'assaillant, sous peine d'être enveloppés et de tomber entièrement ou en partie entre les mains de l'ennemi. Mais heureusement il n'en devait pas être ainsi : une vive fusillade l'accueille de tous côtés, pendant que notre artillerie ouvre dans sa direction le feu le mieux nourri. Il paraît porter ses efforts sur la coupure de Bessoncourt et sur les retranchements du village à droite; mais pendant que les éclaireurs du capitaine Perrin accourent sur cette coupure, j'expédie, pour renforcer les retranchements de droite, une des deux compagnies du 84ᵉ qui constituaient la réserve, et l'ennemi est maintenu sur toute cette ligne.

» Après quelques instants passés dans ces conditions, une tentative encore plus sérieuse de l'assaillant se manifestait à l'endroit où le chemin de Roppe sépare le bois des Fourches du bois sur Merveaux ; une vive fusillade s'y faisait entendre, et peu après je fus averti que, s'étant emparés de la coupure du chemin de Roppe, et ayant refoulé une compagnie du Rhône et une section du 84ᵉ qui gardaient ce passage, les Prussiens avaient pénétré dans le bois et menaçaient de se jeter sur nos derrières. Sur mon ordre, la dernière compagnie de réserve du 84ᵉ se porte au pas de course dans cette direction, et le capitaine Perrin, qui se multiplie, s'y précipite de son côté à la tête de ses éclaireurs.

» Un épisode du plus grand intérêt se produit alors en avant des carrières qui regardent le débouché du chemin de Roppe, où se présentait l'ennemi. Trois compagnies du 84ᵉ s'y rangent sous le commandement du capitaine Perrin qui, vigoureusement secondé par le capitaine Aubert, fait face avec cette troupe à la ligne prussienne qui s'avance, exécute sur elle deux feux de peloton à cinquante mètres de distance, et la refoule en désordre dans le bois, qui retentit des cris des blessés et des injures que les Allemands nous adressent ; le silence se rétablit, et laisse croire à l'ennemi que les défenseurs de la carrière se sont retirés.

» Entrainé par ses chefs, il se montre de nouveau, est reçu de la même manière, et, avec un constant acharnement, recommence ses tentatives pour avancer pendant plus de deux heures, et chaque fois donne lieu de notre côté aux mêmes feux de peloton aussi régulièrement exécutés que sur le terrain d'exer-

5

cice, et toujours suivis, du reste, du même résultat.

» Enfin, notre inébranlable tenacité devait l'emporter, et après tant d'efforts infructueux, reconnaissant son impuissance, l'assaillant se retira et renonça à se frayer le passage, auquel, à juste raison, il attachait une si grande importance. »

Il était alors quatre heures et demie du matin ; le combat avait cessé sur tous les points, et nous restions en possession de tout le village de Perouse ; mais l'ennemi était maître de tout le bois en avant des Perches et de la lisière extérieure du bois sur Merveaux, et il n'était pas douteux que, le jour venu, il nous accablerait de ses feux d'artillerie et de mousqueterie, nous mettrait dans l'impossibilité de conserver notre position, et dans ces conditions rendrait notre retraite excessivement périlleuse.

Le commandant Chapelot, d'accord en cela du reste avec le Gouverneur, pensa qu'il était opportun de se retirer pendant que la nuit nous favorisait encore. Dans ce but, il avait déjà fait rétrograder la batterie de campagne dont le lieutenant, manquant peut-être de sang-froid ou de présence d'esprit, abandonna sur place deux caissons qu'il fallut aller rechercher dans un deuxième voyage, pendant que nous étions encore maîtres du village.

Les diverses troupes s'étant ralliées conformément aux ordres reçus, la retraite, protégée par une section du 84ᵉ, s'effectua en ordre par la grande route de Perouse, et sans être inquiétée sur aucun point.

Ainsi le village de Perouse était perdu pour la défense, mais, du moins, nous n'eûmes pas le regret de voir, comme à Danjoutin, la plupart des défenseurs faits prisonniers par l'ennemi.

Assaut des Perches.

Enfin, le 26, à dix heures du soir, enhardi par les affaires de Danjoutin et de Perouse, il tente pour la première fois un assaut, celui des Perches. Mais il est vigoureusement repoussé, et nous obtenons enfin un véritable succès. Nous faisons 227 prisonniers, parmi lesquels 4 officiers. Ils sont amenés à onze heures du soir à la prison de la Ville. Nous ramenons également 60 blessés prussiens. On n'évalue pas à moins de 600 à 700 le nombre des hommes qu'ils ont perdus dans cet assaut.

Malheureusement nous avons eu à y déplorer la mort de M. Journet, capitaine du génie, aussi intrépide qu'intelligent, et qui avait déjà été blessé quelques jours aupara-

vant au fort de Bellevue, où il avait gagné
ses deux épaulettes.

Nous sommes allé le lendemain de cette
affaire, dans la matinée, et sous une pluie
d'obus, jusqu'aux Basses-Perches, et nous
avons vu et compté sur un seul point 27
cadavres prussiens couchés, tant dans le
fossé même du fort qu'ils voulaient escalader
qu'aux alentours. Nous appercevons dans le
fossé des échelles et d'autres instruments
qu'ils avaient déjà disposés pour l'assaut.

Tout le terrain qui s'étend entre les deux
forts des Hautes et Basses-Perches étaient
couverts de cadavres ennemis, dont on reconnaissait de loin les uniformes sombres
sur la neige.

Ce même jour, 27, à la demande des
Prussiens, le Gouverneur consent à leur
accorder un armistice d'une heure, entre
cinq et six heures du soir, pour enterrer
leurs morts. Le plus grand nombre est en-
terré dans une grande fosse creusée dans
un pré appartenant à M. Bardy, au pied de
la côte, près du Moulin.

Capitulation de Paris.

Depuis quelques jours, une vague rumeur
annonçait que Paris avait capitulé le 28

janvier. Les sentinelles ennemics s'étaient
même avancées de nos avant-postes pour
confirmer cette nouvelle. Mais on n'y croyait
pas encore, lorsque le 3 février, deux Dames de la Ville, qui avaient essayé de fran-
chir les lignes ennemies, furent reçues au
quartier-général prussien à Roppe, par un
officier supérieur qui leur fit lire des journaux donnant les détails de cette capitulation et annonçant un armistice dans lequel
Belfort ne se trouvait pas compris.

Ces Dames, que l'ennemi força de rentrer dans la place, y arrivèrent dans la
soirée du même jour et s'empressèrent de
faire part de ce qu'elles avaient lu et appris.
Chacun s'étonne et est consterné à la pensée que Belfort n'a pas été désigné dans
l'armistice et va rester seul sur la brèche.

Ce même jour, 3 février, à trois heures
de l'après-midi, nous trouvant sur la route
de la Forge, nous appercevons une batterie
volante de deux pièces que l'ennemi démas-
que tout-à-coup au sommet de la forêt du
Salbert. Quelques obus tirés sur un avant-
poste de gardes mobiles à l'extrémité de la
Forge passent au-dessus de notre tête. Le
canon de La Miotte fait taire presque immédiatement cette batterie qui n'a pas été rétablie.

Incendie du Théâtre.

L'Hôtel-de-Ville, dans lequel se trouve le théâtre, est un des bâtiments communaux qui a le plus souffert du bombardement. Il a reçu certainement plus de 200 obus ou bombes. Tous les bâtiments qui venaient à peine d'être construits à gauche, dans la cour, pour l'installation du greffe, du parquet et du cabinet du juge d'instruction, ainsi que celui bâti au fond de cette cour pour le logement des sœurs garde-malades et la cuisine du fourneau économique pour les pauvres, avaient déjà été à peu près complètement détruits. La toiture de la totalité des bâtiments étaient effondrée. Les escaliers n'existaient plus. La grande salle de bal, qui était l'un des ornements de la Ville, était traversée de part en part et menaçait ruine en certains endroits. Un malheureux malade y avait été tué sous nos yeux dans son lit par un éclat d'obus, alors que cette salle servait d'ambulance. Deux autres avaient été également tués, l'un dans le corridor, au premier étage du nouveau bâtiment de la cour, à gauche, et un autre dans la salle au rez-de-chaussée servant de chambre de délibérations au tribunal de commerce. Plusieurs autres personnes avaient été blessées dans les salles, notamment M. l'abbé de Damas, la sœur André, garde-malade, et un infirmier. Plusieurs incendies avaient déjà été allumés dans la toiture, mais avaient pu être éteints, sans grands dégâts, grâce à l'activité des pompiers et de quelques personnes dévouées qui, bravant tous les dangers, étaient sur les toits presque aussitôt que les obus y éclataient.

Il semblait donc que ce malheureux édifice eût déjà assez souffert, lorsque le dimanche 5 février, à trois heures de l'après-midi, un violent incendie se déclara dans la salle de théâtre. Il prit immédiatement des proportions considérables et atteignit le bâtiment renfermant le parquet de M. le Procureur de la République. Cependant on parvint à se rendre maître du feu vers six heures du soir.

Le même jour eurent lieu d'autres incendies qui détruisirent plusieurs maisons au Fourneau.

C'est pendant la période de fin décembre au commencement du mois de février, que furent tués le plus grand nombre de nos compatriotes, soit dans les rues, soit dans les habitations, notamment :

Pierre-Guillaume Peltier, le 19 décembre;

Joseph Zeinner, le 28;

Louis Denizot, atteint d'un éclat d'obus, dans sa maison, rue de l'Entrepôt, le 8 janvier, à minuit;

Les 2 enfants Trochon, le 13;

Émile Latscha, le 24;

Léonard Holtz, le 26;

Gustave Mouroux, garde mobilisé, le 26;

François Durand, le 2 février;

Georges Foin, dit Chicot, le 3;

Mlle Wilhelmine Hartfelder, jeune fille de 17 ans, qui a la tête emportée par une bombe le 6 du même mois, dans la chambre où elle se trouvait avec ses parents, rue de l'Hôpital, maison Dépierre, serrurier;

La veuve Hennequin, tuée le 7.

Depuis, plusieurs personnes atteintes, sont mortes de leurs blessures, notamment :

Mlle Marie Chappuis, le 9 mars;

Charles Peltier, fils du sieur Pierre-Guillaume sus-nommé, et Joseph Clerc, tailleur de pierres, qui avait été atteint en nous causant sur le trottoir de l'Hôtel-de-Ville. Ce malheureux n'avait reçu qu'un éclat qui lui avait emporté une phalange d'un doigt de la main droite. Il ne voulut pas se soigner, malgré nos pressantes instances, et mourut du tétanos quelques jours après.

C'est que, hélas! ainsi qu'on l'a remarqué, presque toutes les blessures ont été mortelles, probablement par suite de la composition de matières inflamables que contenaient les projectiles prussiens.

En poursuivant cette triste nomenclature, constatons que le 9 février, M. Choulette, ingénieur des mines à Vesoul, et faisant fonction de capitaine du génie dans la place depuis le siége, est tué d'un éclat d'obus près la porte de France.

Quelques jours auparavant, M. Rousselle, jeune capitaine d'artillerie, avait été blessé mortellement au parc d'artillerie.

A cette funèbre liste des victimes du siége, il faudrait ajouter les nombreux décès de nos habitants qui eurent lieu par suite des violentes émotions ou des germes de maladies contractés par le séjour dans des lieux humides et privés de la lumière du jour. Presque chaque famille, enfermée, soit dans des caves, soit dans des rez-de-chaussées plus ou moins blindés, comptait quelque malade qu'il fallait soigner, tout en manquant quelquefois des médicaments nécessaires, et surtout de l'air pur que l'on ne pouvait introduire dans des réduits obscurs et dont les ouvertures se trouvaient matelassées contre les atteintes des éclats d'obus, qui frappaient jour et nuit de tous côtés.

Le secours de l'art ne faisait heureusement pas défaut aux malades, grâce à l'activité des médecins civils et militaires qui se prodiguaient partout où leur présence était réclamée et dont le dévouement fut signalé en ces termes par le *Journal de Belfort*, qui a continué à paraître pendant tout le siége malgré les obus qui tombaient dans l'atelier :

« Parmi les fonctionnaires et les hommes exerçant « des professions non moins utiles et essentielles, « qui, à de très rares exceptions près, sont demeurés « à leur poste dans notre ville assiégée, il est du « devoir de la presse de citer avec éloges nos méde-« cins civils, dont le zèle et le dévouement ont su « s'élever au niveau des graves circonstances que « nous traversons. On les voit s'acquitter de leur « noble tâche avec un courage, un sang-froid qui « excite l'admiration, et qui sera certainement ré-« compensé par l'estime et la reconnaissance généra-« les de la population. Ils se prodiguent partout où « les secours de leur art sont réclamés, sans compter « avec le péril qu'il y a de traverser nos rues sous le « sifflement et la chute des obus que l'ennemi nous « lance avec une sorte de rage furieuse, depuis bientôt « un mois entier.

« C'est le devoir de leur profession, sans doute ; « mais il est des moments où l'accomplissement du

« devoir est si périlleux, qu'il est aussi noble que
« glorieux de s'en acquitter sans hésitation et sans
« calculer avec le danger. C'est la tâche que rem-
« plissent en ce moment nos médecins civils, et nous
« avons considéré comme un honneur d'avoir à le
« constater publiquement.

« Nous mentionnerons également avec louange le
« dévouement des infirmières, qui vont prodiguer
« leurs soins auprès du lit de douleur des trop nom-
« breuses victimes d'une guerre dont les auteurs et
« les prolongateurs porteront longtemps la ‹ terrible
« responsabilité. »

Élections au Corps législatif.

Nous avions appris, le 5 février, qu'on
votait dans toute la France, excepté à Belfort, pour l'élection des députés au Corps
législatif, et quelques jours après que
M. Keller, M. le colonel Denfert et M. le préfet Grosjean ont été nommés en tête des députés du Haut-Rhin.

On nous dit que l'ennemi a laissé les élec-
tions libres, même dans les parties du territoire envahi.

A la suite de ce vote, M. le Préfet nous
quitte le 10 pour aller siéger à l'Assemblée
législative à Bordeaux, après en avoir reçu
l'autorisation du général de Treskow. Il est
conduit les yeux bandés jusqu'aux avant-

postes français. Il avait légué, en partant, ses pouvoirs administratifs à M. Léon Sthelin, qui ne devait les exercer que quelques jours.

Nous nous séparons avec regret de M. Grosjean, dont nous nous étions fait un ami et dont nous avons tous appris à apprécier le noble caractère et les rares qualités du cœur et de l'esprit, depuis le commencement du siége.

Incendie de l'Ecole des filles.

Les événements allaient se presser, et chacun sentait, depuis la capitulation de Paris, que le sort de notre Ville ne tarderait pas à se décider. Cependant, il nous était réservé de souffrir jusqu'au dernier moment; car, dans la nuit du 12 au 13, la dernière où le canon se soit fait entendre, un violent incendie éclate à onze heures du soir dans le bâtiment des écoles communales des filles, à l'extrémité de la rue de l'Étuve. On n'a que le temps de sauver les sœurs institutrices qui trouvent un asile dans les caves du Maire. Malgré les secours et les dévouements les plus empressés, le bâtiment et le mobilier sont complètement détruits. Mais nous fûmes assez heureux pour sauver les maisons voisines, ainsi que l'arsenal qui n'est séparé que de quelques mètres de la maison incendiée.

Ce fut le dernier désastre du siége qui allait finir; mais les personnes qui ont assisté au spectacle de cet incendie, au milieu d'une nuit sombre et glaciale, ne pourront oublier le terrible et sinistre aspect de la ville dont la plupart des maisons étaient à moitié démolies et dont les rues étaient remplies de décombres qui les rendaient à peu près impraticables. Le froid était fort vif, mais l'atmosphère était calme. Les flammes, alimentées par les matières combustibles que contenait le bâtiment du pensionnat, s'élevaient à une hauteur prodigieuse, et projetaient de rougeâtres reflets sur les parois dévastées des maisons et des édifices environnants, menacés eux-mêmes d'être envahis par le feu. Le bruit du canon de nos forts, répondant à celui des batteries de l'ennemi, contribuait à augmenter l'effet terrible et grandiose de cette scène de désolation, dont les témoins pouvaient se croire arrivés au suprême instant de la ruine de leur cité. Heureusement, la tranquillité de l'air et les secours apportés par les pompiers, les militaires et les citoyens, empêchèrent la propagation du feu, qui eut peut-être détruit la moitié de la ville s'il eût été favorisé par le vent.

L'ennemi, dont les bombes avaient allumé l'incendie, pouvait lui-même en contempler l'effet depuis ses batteries de Danjoutin, fort rapprochées du lieu du sinistre. Le bruit courait que, à Belfort comme à Strasbourg, c'était au moyen de bombes à pétrole que les assiégeants mettaient le feu aux bâtiments qu'ils voulaient détruire, et qu'ils avaient la précaution de lancer force schrapnels ou boîtes à mitraille pour éloigner les travailleurs qui auraient pu combattre l'incendie. Quoique présent sur le lieu du sinistre, nous n'avons pas remarqué que ces moyens barbares aient été employés du moins dans cette nuit désastreuse ; nous pouvons seulement constater que le tir ne ralentissait pas, et que plusieurs bombes, dont on pouvait suivre le parcours dans cette nuit sombre, sont venues tomber et éclater au milieu même du foyer de l'incendie.

Fin du Siége et Reddition de la Place.

I.

En effet, dès le 5 février, c'est-à-dire le lendemain du jour où le Gouverneur avait appris indirectement la capitulation de Paris, il avait pris le parti d'envoyer en parlementaire à Bâle, M. Chatel, capitaine d'état-major, afin de chercher à s'informer auprès du Gouvernement de la défense nationale quel devait être le sort de Belfort, par suite de l'armistice qui ne nous avait été annoncé que par l'ennemi et des journaux prussiens, qu'il nous avait fait passer, aucun journal français n'entrant dans la place. Par suite des difficultés de communication, l'absence de M. Chatel se prolonge. Il ne revient pas, ne peut faire parvenir aucune nouvelle, et chacun est dans l'anxiété. Enfin, après neuf jours d'une pénible attente, nous apprenons qu'il vient de rentrer dàns la place avec M. Krafft, capitaine du génie, que le Gouverneur s'était décidé à envoyer en mission auprès du général de Treskow.

Notre sort allait être fixé.

En effet, le 13, à dix heures du soir, le

Gouverneur fit publier la communication suivante :

Belfort, 13 février 1871, dix heures du soir.

M. le Colonel commandant supérieur vient de recevoir communication de la dépêche ci-après :

« Bourogne, de Versailles, onze heures du matin.

» Au général de Treskow, commandant des troupes devant Belfort,

» Le Gouvernement français me transmet pour le Commandant de Belfort le télégramme suivant que je vous prie de faire parvenir par parlementaire :

« Le Commandant de Belfort est autorisé, vu les
» circonstances, à consentir à la reddition de la
» place.

» La garnison sortira avec les honneurs de la
» guerre, et emportera les archives de la place. Elle
» ralliera le poste français le plus voisin.

» *Pour le Ministre des affaires étrangères,*
» Signé : Ernest Picard.
» Signé : Bismark. »

La communication ajoutait qu'une suspension d'armes provisoire avait été immédiatement stipulée, et qu'un officier d'état-major venait d'être envoyé pour obtenir la confirmation directe de cette dépêche par le Gouvernement français.

C'est à cet égard que, le même jour, 13 février, eut lieu la convention suivante :

Convention conclue à la porte du Vallon de Belfort,
le 13 février 1871.

Entre les soussignés :

MM. Krafft, ingénieur des ponts-et-chaussées et capitaine du génie auxiliaire,

Et de Schultzendorff, capitaine d'état-major de l'armée de siége,

Tous deux munis des pleins pouvoirs de son excellence M. le lieutenant-général de Treskow, commandant du corps de siége, et de M. le colonel Denfert-Rochereau, commandant de Belfort.

Il a été convenu ce qui suit :

« 1º Le lieutenant-général de Treskow enverra une dépêche télégraphique à Versailles pour faire connaître au chancelier de l'Empire, M. le comte de Bismark, que le colonel Denfert demande un avis direct de son gouvernement au sujet de la reddition de la place ;

» 2º M. le colonel Denfert enverra à Bâle un officier chargé d'y attendre la dépêche télégraphique du Gouvernement français ;

» 3º Jusqu'au retour de cet officier, il y aura entre l'assiégeant et l'assiégé une suspension d'armes commençant le 13 février à onze heures du soir. Néanmoins, cette suspension d'armes pourra, à un moment quelconque, être dénoncée douze heures avant l'époque projetée pour la reprise des hostilités ;

» 4º Pendant cette suspension d'armes les deux parties resteront dans leur position actuelle. Les limites, ainsi tracées, ne pourront être franchies et il ne pourra pas davantage y avoir de communication de la part des personnes civiles entre la forteresse et le rayon extérieur ;

» 5° Le colonel Denfert s'engage à faire connaître, dans le plus bref délai, au lieutenant-général de Treskow la résolution qu'il aura prise, après réception des avis du Gouvernement français.

» La présente convention a été faite en double original, dont l'un en allemand et l'autre en français.

» Le 13 février 1871.

» *L'Ingénieur des ponts-et-chaussées , capitaine du génie auxiliaire,*	*Le capitaine d'état-major au corps de siége,*
» Signé :	Signé :
» Krafft.	De Schultzendorff. »

La nouvelle de cet armistice ne tarde pas à se répandre par toute la Ville dans la soirée. On n'entendait déjà plus le canon depuis six heures du soir. Chacun s'empresse de quitter sa maison. Une foule heureuse et bruyante se répand dans tous les quartiers de la Ville et des faubourgs. Bien des personnes sortent de leurs caves, à ce moment-là, pour la première fois depuis le commencement du siége. Elles parcourent avec avidité toutes les rues, pour y voir, à l'aide de lanternes, les dégâts du bombardement. Pendant une grande partie. de la nuit, on entend des cris, des exclamations, et malheureusement aussi quelques chants qui nous attristèrent dans un pareil moment.

II.

En réponse à la dépêche télégraphique annoncée ci-dessus, le Gouverneur reçut du Gouvernement français la dépêche suivante :

Bordeaux, 16 février 1871.

Délégué affaires étrangères au Vice-Consul de France, à Bâle.

Le Ministre de la guerre au capitaine d'état-major Chatel et au capitaine du génie Krafft, envoyés de Belfort par le colonel Denfert,

En même temps que votre dépêche du 14 de Bâle, reçue seulement aujourd'hui, je reçois une lettre datée du 13 de Paris, par laquelle le général Trochu, au nom du Gouvernement de la Défense nationale, encore en fonction à Paris, comme à Bordeaux, m'informe que la fraction du Gouvernement demeurée à Paris (général Trochu, président; Ernest Picard, chargé du portefeuille des affaires étrangères) vous autorise à rendre à l'armée prussienne la place que vous avez si glorieusement défendue, aidé en cela par la vaillante et patriotique population de Belfort.

En présence de cette autorisation du Gouvernement de Paris, et de la considération que vous faites vous-même valoir, double fait mettant votre honneur complétement à l'abri, les membres du Gouvernement de Bordeaux, dont je suis l'organe, ne peuvent que confirmer l'autorisation de leurs collègues de Paris, et je couvre de ma responsabilité le parti suprême que vous prendrez, en vous inspirant de votre propre honneur, comme de l'intérêt des braves soldats et de l'héroïque population qui vous ont si bien secondé.

Le Gouvernement de Paris ne nous a rien fait connaître, en dehors des termes mêmes du télégramme que vous avez reçu de M. Picard. C'est à vous, par conséquent, qu'il appartient de traiter avec l'état-major allemand, les conditions les plus favorables relativement au matériel de la place, canons et munitions, et, ce qui importe beaucoup plus, aux intérêts de la brave population de Belfort.

Recevez, Colonel, pour vous et vos braves soldats, l'expression de ma douloureuse et bien ardente sympathie ; et soyez auprès de la patriotique population de Belfort, l'interprète des sentiments de reconnaissance et d'admiration des membres du Gouvernement et de la France entière.

Signés : Général LE FLÔ.
CHAUDORDY.

Convention relative à la reddition de Belfort, conclue à Perouse,

Le 16 février 1871, à 4 heures de l'après-midi.

Le jour même de la réception de la dépêche qui vient d'être transcrite eut lieu la convention ci-après que nous croyons devoir donner *in-extenso* :

Entre MM. Denfert-Rochereau, colonel du génie, commandant supérieur de Belfort,

Et de Treskow, lieutenant-général de S. M. le roi de Prusse, commandant en chef de l'armée assiégeante de Belfort,

Il a été convenu ce qui suit :

« 1º Le colonel Denfert, sur l'autorisation qui lui a été donnée, vu les circonstances, par le Gouvernement français, remet au lieutenannt-général de Treskow la place avec ses forts ;

» 2º La garnison, en raison de sa valeureuse défense, sortira librement, avec les honneurs de la guerre, et elle emmènera les aigles, drapeaux, armes, chevaux, équipages et appareils de télégraphie militaire qui lui appartiennent spécialement, ainsi que les bagages des officiers et ceux des soldats, et enfin les archives de la place ;

» La garnison comprend les troupes de ligne, la garde nationale mobile et la garde nationale mobilisée, les douaniers et la gendarmerie. La garde nationale sédentaire restera à Belfort et remettra ses armes à la Mairie, avant la remise de la place ;

» 3º Tout le matériel de guerre, les vivres et munitions, en tant qu'ils ne sont pas, sans conteste, nécessaires à la garnison, et de plus, les approvisionnements de toute nature, seront remis dans l'état où ils se trouvent au moment de la signature de la présente convention. Cette remise sera effectuée par une Commission à nommer par le Commandant de place. Elle aura lieu le 18 février à dix heures du matin ;

» 4º Ce 18 février, à dix heures du matin, des officiers allemands d'artillerie et du génie seront introduits dans les forts et le Château, pour prendre possession des magasins à poudre et des mines, en présence d'officiers français des mêmes armes ;

» 5º La garnison française devra avoir terminé l'évacuation de la place le 18 à midi, heure à laquelle les troupes allemandes en prendront possession ;

» L'ordre de marche sera réglé dans une pièce annexe ;

» 6° Les malades et les blessés restant dans la place seront, dès leur rétablissement, menés par convoi jusqu'à la ligne de démarcation la plus voisine. Ils emporteront leurs armes. Ceux qui seront impropres au service militaire seront renvoyés dans leurs foyers ;

» 7° La garnison laissera dans la place les médecins et les infirmiers nécessaires au service des hôpitaux. Le personnel sera traité suivant la convention de Genève ;

» 8° Les prisonniers allemands, soit blessés ou non, qui sont internés au nombre de 7 officiers et de 243 hommes, seront remis aux troupes allemandes le 18 février à dix heures du matin, dans leur casernement actuel ;

» 9° La propriété des officiers qui quitteront la forteresse sera respectée au même titre que le reste des propriétés privées ;

» 10° Le colonel Denfert fera remettre au lieutenant-général de Treskow, aussitôt que possible, une situation de l'effectif des hommes qui quitteront la place, pour permettre le règlement de l'ordre de marche ; et les Commissions chargées de la remise des malades des deux nations et des prisonniers, devront être munies de situations semblables ;

» 11° L'Administration allemande favorisera de tout son pouvoir l'apport des vivres et de secours pour les habitants de la Ville, ainsi que la venue des médecins du dehors.

» La présente convention a été rédigée et signée par les officiers dont les noms suivent :

» Du côté français : MM. Chapelot, chef de bataillon du 84e régiment d'infanterie de ligne, et Krafft, capitaine du génie auxiliaire.

» Du côté allemand : MM. de Laué, major et commandant de bataillon du 4e régiment d'infanterie, de

Magdebourg n° 67, et de Schultzeⅰdorff, capitaine
d'état-major.

» Tous munis de pouvoirs réguliers de leurs chefs
respectifs.

» Signé : Chapelot, Signé : Won Laué,

» Signé : Krafft. Signé : Won Schultzendorff.

» Pour copie conforme :

» Signé : Denfert. »

Pourquoi il n'a rien été stipulé dans l'intérêt de la population.

On a remarqué avec regret que dans cette
convention, et malgré la recommandation
expresse qui avait été faite au Gouverneur
par la dépêche du Ministre de la guerre et
du Ministre des affaires étrangères ci-dessus
relatée, de s'occuper particulièrement, dans
les conditions du traité à intervenir, des intérêts de la brave population de Belfort, il
n'avait absolument rien été inséré à cet
égard. De là, on a supposé que nos intérêts
avaient été complètement abandonnés par
le colonel Denfert et les plénipotentiaires.
Nous sommes en mesure de donner les renseignements les plus exacts à cet égard.

Le jour du premier départ des plénipotentiaires pour aller à Perouse traiter de
la convention, le Préfet délégué et nous,
nous remîmes à M. le colonel Denfert, qui

en accepta tous les termes et nous promit
de faire tout ce qui dépendrait de lui pour
les faire admettre, une note que M. Stehelin et nous venions de rédiger en com-
mun, et qui contenait toutes les conditions
que nous désirions voir accepter dans l'intérêt de la population. Ces conditions étaient
à peu près celles demandées par la ville
de Metz. Elles stipulaient notamment la dé-
charge du logement militaire pour les habitants, ainsi que de toutes espèces de réquisitions, et enfin le respect des positions et
des titres acquis. Combien notre situation
eût été plus supportable si ces conditions
eussent été accueillies ! Mais nous tenons
personnellement de M. Krafft, l'un de nos
plénipotentiaires, que lorsqu'ils en arrivèrent, dans la discussion des articles, à présenter cette note aux délégués allemands,
ils répondirent qu'ils n'avaient reçu aucune
instruction pour traiter des intérêts civils
et qu'ils en référeraient dans la soirée au
quartier-général à Bourogne.

Le lendemain matin, lorsque tous les délégués se trouvèrent de nouveau en présence pour régler définitivement le traité
qu'ils avaient soumis pendant la nuit à
leurs chefs respectifs, les plénipotentiaires
prussiens déclarèrent formellement que le

général de Treskow n'avait lui-même aucune autorisation pour s'occuper des intérêts de la population. Malgré l'insistance de nos deux plénipotentiaires, ils furent obligés de passer outre, et nous fûmes sacrifiés.

Proclamation du Gouverneur.

Immédiatement après cette convention, le Colonel commandant supérieur fit publier la proclamation suivante :

Citoyens et Soldats,

Le Gouvernement de la Défense nationale m'a donné, en vue des circonstances, l'ordre de rendre la place de Belfort. J'ai dû, en conséquence, traiter de cette reddition avec M. le général de Treskow, commandant de l'armée assiégeante.

Si les malheurs du pays n'ont pas permis que la résistance vigoureuse offerte par la garnison, la garde nationale et la généralité de la population, reçût la récompense qu'elle méritait, nous avons pu, du moins, avoir la satisfaction de conserver à la France la garnison qui va rallier, avec armes et bagages et libre de tous engagements, le poste français le plus voisin.

Connaissant l'esprit qui anime les habitants de la Ville, au milieu desquels je demeure depuis plusieurs années, je comprends mieux que personne l'amertume de la situation qui leur est faite. Cette situation est d'autant plus pénible qu'on prétend nous faire craindre, qu'au mépris des principes et des idées modernes, le traité de paix que nous allons subir ne con-

6

sacre une fois de plus le droit de la force et n'impose à l'Alsace tout entière la domination étrangère.

Mais je reste convaincu que la population de Belfort conservera toujours les sentiments français et républicains qu'elle vient de manifester avec tant d'énergie. En consultant, du reste, l'histoire même du siécle présent, elle y puisera la légitime confiance que la force ne saurait longtemps prévaloir contre le droit.

Vive la France ! Vive la République !

Signé : DENFERT.

Reddition des armes.

Après cette proclamation fut publié l'ordre suivant :

ORDRE :

Les gardes nationaux sédentaires déposeront aujourd'hui même leurs armes à la Mairie et quitteront leurs uniformes.

Belfort, le 16 février 1871.

Le Colonel commandant supérieur,

Signé : DENFERT.

A la suite de cet ordre, la municipalité dut faire prévenir les habitants qu'ils auraient, de leur côté, à déposer à l'arsenal militaire les armes de toute nature qu'ils avaient en leur possession.

Quelques jours après ces armes leur furent rendues par l'autorité prussienne.

Départ des troupes de la garnison. — Lettre du Gouverneur au Maire de la Ville. — Délibération du Conseil municipal.—Mission du Maire au quartier général prussien.

I.

Le départ des troupes de la garnison pour aller rallier le poste français le plus voisin, et ne connaissant pas encore leur destination pour Grenoble, qui ne leur fut annoncé que pendant leur route, eut lieu en huit colonnes les 17 et 18 février.

Ces troupes partirent au nombre de 12,000 environ.

Le dernier jour, 18, à onze heures du matin, le Gouverneur quitta la place avec la dernière colonne, emmenant les archives, le matériel du télégraphe militaire, et quelques canons de campagne, qui furent les seuls qu'on pût enlever à l'ennemi, par suite du manque d'attelage.

Ces attelages avaient été fournis par l'armée assiégeante.

Toutes ces troupes sortirent par la porte de France et prirent la route de Montbéliard.

Il ne resta plus dans la place que les ma-

lades et les blessés, encore au nombre de
1600, avec le personnel de l'intendance et
des hôpitaux.

II.

Combien nous eûmes le cœur tristement
brisé, lors du départ de nos braves soldats
et de nos chers compatriotes mobilisés,
dont nous avions si longtemps partagé les
souffrances et les dangers! Combien nous
enviions leur sort glorieux! Ils s'en allaient,
eux, les seuls soldats de notre malheureuse
armée, avec tous les honneurs de la guerre!
Ils allaient être libres, et justement fêtés et
acclamés partout sur leur passage! Leur
marche à travers la France allait être un
long triomphe! C'était l'armée de Belfort,
invaincue, qui avait sauvé Besançon, qui
avait sauvé le Midi! Et nous, à cette heure
glorieuse et si triste tout à la fois, nous
restions seuls au milieu de nos ruines, et
forcément enfermés dans cette Ville qui,
dans quelques instants, allait recevoir une
armée étrangère, et avec l'appréhension terrible que, malgré notre défense désespérée,
nous avions perdu peut-être notre nationalité et allions devenir Prussiens!

III.

Quelques jours avant la reddition de la place, l'Administration militaire, dans la pensée de les soustraire à l'ennemi, avait vendu un certain nombre de denrées de toute nature. Malheureusement, sa prévision n'alla pas assez loin ; car, le jour du départ de la dernière colonne, et une heure avant l'entrée des troupes prussiennes, il y eut à la manutention militaire, et dans la maison Grosborne, où se trouvaient des magasins considérables d'approvisionnements, un véritable pillage qu'on ne put empêcher, n'ayant plus aucun moyen de répression.

IV.

Avant de quitter la place, M. le Gouverneur adressa au Maire de la Ville la lettre suivante :

Belfort, le 16 février 1871.

Au moment de quitter la place de Belfort, je tiens à vous témoigner toutes les satisfactions que j'ai éprouvées de votre admirable conduite pendant le siége. Vous vous êtes montré véritablement Maire, donnant à tous l'exemple du dévouement, visitant les populations dans les caves ; veillant à ses besoins, et faisant tout ce qui était en votre pouvoir pour alléger les souffrances de chacun. Vous avez su, en outre, assurer la marche régulière des services civils, comme en temps ordinaire. Je ferai tout ce qui sera en mon pouvoir pour que vous receviez du Gouvernement la légitime récompense que vous méritez. En attendant, vous avez la reconnaissance de vos concitoyens et de la garnison qui vous assurera une page glorieuse dans l'histoire du siége.

Recevez, Monsieur le Maire, l'assurance de ma considération très distinguée.

Le Colonel commandant supérieur,
Signé : DENFERT.

Qu'il nous soit permis de faire connaître également, en en témoignant ici toute notre reconnaissance au Conseil municipal, la délibération qu'il a cru devoir prendre le 25 mars 1871.

Cette délibération est ainsi conçue :

Le Conseil municipal, à l'unanimité, se plaît à rendre un juste hommage au courage et au zèle exceptionnel que le Maire a déployés pendant toute la durée du siège.

Ai-je besoin d'ajouter que nous avons été, par ces deux témoignages donnés à notre conduite, plus que récompensé des services que nous avons pu rendre à nos concitoyens pendant le siége.

V.

Le 17 février, sur l'invitation qui nous en avait été faite par le Gouverneur, nous nous rendîmes, à cheval, au quartier-général à Bourogne, afin de chercher à obtenir de l'ennemi quelques garanties pour les habitants de cette malheureuse Ville, dans laquelle il devait entrer le lendemain.

Nous dûmes passer dans la neige, à travers les prés de Roppe, accompagné jusqu'à Perouse par M. le capitaine Krafft.

Là, nous rendîmes compte de notre mission à l'état-major prussien, qui nous fit escorter par un uhlan, lequel ne nous quitta plus de toute la journée.

Dans tous les villages que nous traversions, les rares habitants qui s'y trouvaient encore crurent qu'on nous emmenait prisonnier, et nous fûmes obligé de les rassurer à plusieurs reprises.

Si nous n'avons pu réussir complètement dans notre démarche auprès du colonel de Scheliha, le futur gouverneur de Belfort, nous pouvons assurer qu'elle ne fut cependant pas sans résultat pour les intérêts de nos administrés, dont les plénipotentiaires prussiens avaient refusé de s'occuper dans les conditions de la capitulation, ainsi qu'on l'a vu plus haut.

Le comte de Solms, le futur directeur du Cercle de Belfort, assistait à cette conférence.

Entrée des troupes prussiennes. — Conduite héroïque de la population.

I.

Le samedi, 18 février, à midi, les troupes prussiennes commencèrent à entrer dans la Ville.

Cette entrée eut lieu par la porte de Brisach.

A trois heures, le canon se fait entendre au Château, et l'ennemi, après une cérémonie religieuse, arbore sur la plate-forme de la caserne, le drapeau national de la Prusse, noir et blanc.

Quelques instants après, une partie de l'armée assiégeante entre, musique en tête, et défile sur la place d'Armes devant le général de Treskow et son état-major.

C'était la fin ! Belfort, la glorieuse, était occupée !

5,000 prussiens prenaient violemment

possession de nos casernes et de nos habitations à moitié effondrées !

Nous avons eu, au moins, la consolation de constater, au milieu de notre immense douleur et des larmes de désespoir qui brûlaient nos yeux, qu'au moment de l'entrée de l'ennemi et de son défilé sur notre place publique, les fenêtres de toutes nos maisons mutilées étaient hermétiquement fermées, et que pas un de nos braves concitoyens n'a voulu être témoin du cortège du général de Treskow, à qui le Gouvernement seul venait de nous rendre, par suite des circonstances, après un siége qui avait duré 113 jours.

II.

Il est de notre devoir, en terminant cette partie de notre relation, de proclamer hautement, pour le présent et l'avenir, que les habitants de notre cité héroïque, malgré toutes les souffrances qu'ils ont eu à endurer, et les pertes douloureuses de toute nature qu'ils ont éprouvées, ont supporté ce long siége avec un courage et une abnégation qui ne s'est jamais démentie. Jamais aucun d'eux n'a fait entendre une parole de désespoir ou de défaillance, et n'a cherché

à exercer la moindre pression sur les résolutions de l'autorité militaire. Si beaucoup
d'entre eux ont eu leurs familles décimées ;
s'ils ont vu leurs intérêts les plus chers à
jamais compromis ; s'ils ont perdu une partie de leur bien et de leur fortune, tous peuvent dire, avec orgueil, qu'ils ont sauvé ce
qu'ils avaient de plus précieux : leur honneur et leur nationalité ! Ils ont été dignes,
enfin, d'être conservés à notre malheureuse
France !

Ordonnance du Gouverneur prussien.

Le jour même de l'entrée des troupes
prussiennes, le nouveau gouverneur fit afficher l'ordonnance suivante :

Belfort, le 18 février 1871.

ORDONNANCE

DU COMMANDANT IMPÉRIAL-ROYAL A BELFORT.

Ayant pris la direction du commandement aujourd'hui à midi, j'ai pris les dispositions suivantes :

« 1° Toutes les ordonnances du commandant seront rendues uniquement en langue allemande ; elles
ne sont pas moins exécutoires pour les habitants ne
parlant pas cette langue. S'il s'agit d'affaires communales, elles peuvent être traduites s'il est nécessaire ;

» 2° L'autorité locale doit faire connaître que l'état
de siége continue, que tous les crimes et délits, et

en particulier toutes les contraventions aux arrêtés du commandant concernant les personnes civiles et militaires, seront punis selon les lois de la guerre ou les lois civiles;

» 3o L'autorité municipale doit, en outre, faire connaître que tous les habitants de la Ville ont à déposer au poste principal de la place toutes armes et munitions, sans exception, dont ils sont détenteurs. Les propriétaires de maisons sont responsables pour la rigoureuse exécution de cet ordre, et, quant aux habitations dont les propriétaires sont absents, les autorités locales doivent y faire une minutieuse perquisition, avec l'assistance, au besoin, de l'autorité militaire ;

» 4° Tous les journaux, publications, proclamations, et, en général tout imprimé, à l'exception des ordonnances par moi autorisées, sont interdits jusqu'à nouvel ordre ;

» 5° Les habitants doivent être prévenus qu'au cas où les troupes allemandes en armes, seront insultées, soit de l'intérieur d'une maison ou édifice, soit à un autre lieu, il sera procédé selon l'usage de la guerre ;

» 6° Par contre, les troupes respecteront les propriétés privées, et les réquisitions ne seront opérées qu'avec mon agrément ;

» 7o Tous les débits de boissons doivent, jusqu'à nouvel ordre, se fermer à neuf heures du soir. Les personnes qui se trouveront dans la rue après neuf heures, seront arrêtées par la garde ou les patrouilles, et conduites au poste principal, à l'exception des officiers des troupes allemandes. Les médecins civils ayant à faire des visites pressantes à leurs malades, peuvent être exemptés de cette disposition, et ce, seulement sur la proposition de l'autorité locale et après une autorisation écrite de ma part ;

» 8° L'autorité locale veillera à ce que les rues et les places publiques soient suffisamment éclairées. Dans le cas où cet éclairage ne peut être organisé immédiatement, les civils ne peuvent paraître dans la rue et sur les places depuis la brune jusqu'à neuf heures du soir sans être muni d'une lanterne ;

» 9° Les postes des portes de la Ville ne laisseront entrer ni sortir demain matin aucun civil avant dix heures, à moins qu'il ne soit muni d'une autorisation écrite émanant de moi. A partir de demain, après dix heures du matin, le passage, jusqu'à nouvel ordre, sera libre après sept heures du matin jusqu'à six heures du soir ;

» 10° Les autorités locales commenceront à faire enlever des rues et des places publiques les décombres et immondices, et continueront à être chargées de ce soin ;

» 11° Si les autorités et police locales ne peuvent obtenir la rigoureuse exécution de ces prescriptions, elles provoqueront auprès de moi l'assistance militaire ;

» 12° L'entretien des troupes allemandes a encore lieu provisoirement sur les provisions des magasins militaires. L'autorité locale doit pourvoir immédiatement au logement de 5,000 hommes, soit dans les maisons privées, soit dans les postes militaires ou dans les casernes restant habitables.

» De SCHELIHA.

» Lieutenant-colonel commandant. »

Voilà sous quel régime nous allions vivre après avoir tant souffert !

Toutes les dispositions de cette ordonnance durent être rigoureusement exécutées. Dans la pensée, notamment de faire disparaître au plus tôt les traces du bombardement, l'autorité allemande exigea le déblaiement immédiat des rues, dont quelques-unes renfermaient jusqu'à un mètre de tuiles, de pierres et de décombres de toute nature. L'autorité municipale dut mettre en réquisition les voitures des villages voisins pour opérer ces enlèvements, et nous dûmes employer, pendant plus d'un mois, près de 50 tombereaux par jour, qui transportaient les décombres sur les glacis de la place et de la promenade des faubourgs qui fut ainsi exhaussée de près de 50 centimètres dans toute sa longueur.

Mentionnons, pour ne rien oublier, qu'après le départ du premier commandant prussien qui avait établi son quartier-général à l'hôtel du *Canon d'Or*, le nouveau gouverneur, le colonel Kritter, s'installa à l'hôtel de la Sous-Préfecture, qui perdit ainsi momentanément sa destination.

6

RENSEIGNEMENTS DIVERS.

Nous pourrions arrêter ici la tâche que nous nous étions imposée.

Mais il nous a semblé que nous devions aller plus loin, et compléter notre relation par des renseignements qui se rattachent étroitement à l'histoire du siége de Belfort, et qui pourront avoir un certain intérêt pour le présent et pour l'avenir.

Création d'un papier-monnaie.

L'encaisse métallique qui existait dans les caisses publiques au commencement du siége, étant venu peu à peu à manquer, par suite de la cessation complète des recettes, et par l'impossibilité de se procurer de l'argent du-dehors, on dut avoir recours à la création d'un papier-monnaie qui fut désigné sous le nom de : *Bons de siége*. Ces bons, de petites coupures, permirent de pouvoir faire face à la solde de la troupe, et surtout à celle des officiers qui fut un moment en souffrance.

Le public, ou plutôt les marchands, accueillirent d'abord ce papier avec une certaine répugnance; mais enfin, il finit par être admis comme monnaie courante, et rendit ainsi de grands services à la place.

Vers les derniers jours du siége, l'Administration des finances les échangea à la Recette particulière contre des billets de banque, sauf quelques-uns de ces billets qui restèrent entre les mains des détenteurs, ou qui ne furent pas avertis de cet échange, ou peu soigneux de leurs intérêts.

Mais, quelque temps après, ils furent tous et intégralement remboursés par l'Administration.

Voici dans quels termes fut rendu l'arrêté du Préfet qui créa ce papier-monnaie :

Nous, Préfet du Haut-Rhin, agissant, de concert avec M. le Colonel gouverneur de la place de Belfort,

En vertu des pouvoirs exceptionnels qui nous ont été conférés par le Gouvernement de la défense nationale, et qui résultent de l'état de guerre ;

Considérant que, depuis le 3 novembre 1870, époque à laquelle a commencé l'investissement de la place, les communications entre Belfort et l'extérieur ont été complètement interrompues ; et qu'en conséquence l'encaisse métallique existant dans les caisses publiques s'est peu à peu épuisé sans pouvoir être renouvelé ;

Considérant qu'un appel a été fait pour demander aux particuliers de la monnaie d'or et d'argent, et qu'il n'y a pas lieu de recourir, pour la seconde fois, à ce moyen qui ne produirait plus de résultats satisfaisants ;

Considérant que les billets de 1,000 francs de la
Banque de France, existant actuellement dans les
caisses publiques représentent une somme importante, qu'il est difficile et même impossible d'employer au paiement de la solde des officiers, du
prêt de la troupe et du traitement des fonctionnaires
civils ;

Considérant que, dans l'intérêt des échanges, il est
également nécessaire de remédier aux inconvénients
qui résulteraient d'un manque presque complet d'une
monnaie courante ; qu'il est, en conséquence, opportun d'émettre une quantité déterminée de bons tenant
lieu de coupures des billets de Banque de France
dont la nécessité a été reconnue par la loi du 12 août
1870 ;

Considérant que ces bons représentent une valeur
réelle ; qu'en effet, à la garantie de cette émission
sera spécialement affectée une somme égale de billets
de la Banque de France, dont la description sera
constatée par un procès-verbal régulier, et qui seront
immédiatement déposés en lieu sûr et anéantis au
besoin ;

ARRÊTONS :

ARTICLE PREMIER.

Il sera émis par Nous, pendant la durée de l'investissement de Belfort, des bons de siége, dont la valeur
d'ensemble sera ultérieurement déterminée.

ART. 2.

Lors de l'émission de ces bons, une valeur égale
de billets de la Banque de France, spécialement e

expressément affectée à la garantie de ces bons, sera prélevée par Nous dans les caisses publiques, mise en lieu sûr et anéantie au besoin.

Art. 3.

Cette opération sera constatée par un procès-verbal régulier, contenant la description détaillée des billets affectés à la garantie des bons de siége.

Art. 4.

Le montant des bons émis ne pourra, dans aucun cas, dépasser la valeur des billets de la Banque de France restant disponibles dans les caisses du Trésor public à Belfort, au moment de l'émission.

Art. 5.

Chaque bon sera détaché d'un registre à souche, portera un numéro d'ordre distinct et sera revêtu de Nos signatures, ainsi que de celle de M. le Receveur particulier des finances.

Art. 6.

La circulation des bons de siége créés par Nous et substitués aux billets de la Banque de France qui leur servent de garantie, sera soumise aux mêmes règles que les billets, et entraînera, en conséquence, le cours forcé.

Belfort, le 22 décembre 1870.

Le Colonel gouverneur de   *Le Préfet du Haut-Rhin,*
la place,

Signé : DENFERT.   Signé : J. GROSJEAN.

État des forces des assiégeants. — Leurs batteries.

Nous avons fait connaître, au commencement de ce travail, quel était l'état des forces de la place au début du siége.

Nous croyons, malgré toutes les difficultés que nous avons eues à nous procurer certains renseignements, l'ennemi ayant caché constamment l'état de ses forces et de ses pertes, pouvoir donner une situation à peu près exacte de l'armée assiégeante.

I.

L'armée de siége, sous les ordres du lieutenant-général de Treskow, était forte, dit-on, d'environ 45,000 hommes, répartis dans un rayon assez éloigné de la place, et souvent renouvelés.

Le général Mertens commandait l'infanterie ;

Et le lieutenant-colonel de Scheliha l'artillerie.

II.

On a évalué de 180 à 200 le nombre de ses canons de tous calibres.

Après avoir cherché, ou paru chercher longtemps son point d'attaque, ainsi que nous l'avons expliqué plus haut, et après avoir renoncé à s'établir au Mont, qui fut longtemps la terreur des habitants, l'ennemi, d'après des renseignements qui paraissent certains, installa successivement ses batteries de la manière suivante :

Premièrement.

Essert et Bavilliers. — Plusieurs batteries à Essert. Les premières qui tirèrent sérieusement sur la place. Le feu de ces batteries était dirigé sur les Barres, Bellevue, la Ville et le Château.

Six pièces à l'entrée de Bavilliers, au-dessus de la maison dite la *Marquise*, tirant sur le Château et sur la Ville ;

Plus en avant, du côté de la Ville, à la hauteur et la maison Grisez, un mortier lançant sur le Château ces projectiles-monstres appelés : *Enfants de troupe* par la population. Ces projectiles avaient 55 centimètres de longueur sur 23 centimètres de diamètre, et pesant 78 kilogrammes ;

Quatre autres batteries de six pièces entre Bavilliers et Essert, tirant sur le Château, Bellevue et sur la Ville.

Deuxièmement.

Plusieurs batteries de six pièces entre Chèvremont et Danjoutin, lieu dit le *Bossemont*, tirant sur le Château, les Perches, la Justice et La Miotte.

Troisièmement.

Plusieurs batteries à Chèvremont, tirant sur la Justice et La Miotte. Ces dernières batteries étaient trop éloignées et firent peu de mal à la fortification.

Quatrièmement.

Trois batteries également de six pièces à Danjoutin, derrière la maison Meillière, au-dessus de la côte, et allant aboutir au chemin de fer de Lyon.

Cinquièmement.

Une autre pièce au-delà dudit chemin de fer, près de la forêt.

Sixièmement.

Un autre mortier lançant les projectiles de 78 kilogrammes sur le Château et sur la Ville.

Septièmement.

Six batteries à Perouse, tirant d'abord sur La Miotte et la Justice, et les derniers jours sur la Ville.

Huitièmement.

Six batteries avaient été préparées au-dessous des Perches, après l'abandon de ce fort. Mais ces batteries qui, dit-on, devaient nous foudroyer, n'ont pas tiré par suite de la reddition de la place.

Neuvièmement.

Enfin, une batterie volante avait pu être établie

au-dessus de la forêt du Salbert, le 3 février. Cette batterie n'a envoyé que quelques projectiles sur les Forges, et a été démontée au bout de quelques heures, par le canon de La Miotte. Elle n'a pas été rétablie.

Nombre de projectiles tirés de part et d'autre.

§ Ier.

PROJECTILES ENNEMIS.

I.

On peut, sans exagération, évaluer à 500,000 le nombre des projectiles tirés par l'ennemi pendant toute la durée du bombardement. Il n'en a été tiré que 192,000 au siége de Strasbourg.

Il en lancé jusqu'à 12,000 dans une seule journée.

Une seule pièce, placée au Château, à gauche du Cavalier, et faisant face à la place, a reçu plus de 60,000 obus.

Cette pièce, qui a fait éprouver aux assiégeants des pertes considérables et contre laquelle ils se sont acharnés sans relâche, était une pièce de 24, qui a été plusieurs fois démontée et toujours replacée. Le pu-

blic, qui lui avait donné le nom de : *Char-*
lotte ou de *Catherine*, reconnaissait facilement sa voix formidable.

Les éclats des projectiles ennemis, qui
venaient se briser contre le roc qui la proté-
geait, et qui en porte de si nombreuses et
de si nobles cicatrices; étaient projetés jusque sur la place d'Armes, et y ont causé
plusieurs accidents.

Il a été vendu, après la reddition de la
place, 10,000,000 de kilogrammes de plomb
et de fonte provenant des débris de ces projectiles.

§ II.

PROJECTILES FRANÇAIS.

II.

Voici, en ce qui nous concerne, le détail
et le nombre exact des projectiles, de tous
calibres, que la place a tirés pendant toute
la durée de l'investissement et du bombardement.

Il s'élève à 86,200 projectiles, dont, savoir :

1° 62,000 obus rayés, de 4, de 12 et
de 24;

(Il en existait seulement 82,000 au commencement du siége. Les derniers 20,000 ont été soigneusement ménagés et réservés dans les derniers jours, en prévision d'un assaut.)

2° 4,000 projectiles pleins de 12 et de 16, sur les 110,000 faisant partie de l'approvisionnement;

3° 16,000 bombes de 22, 27 et 32, sur les 28,000 dudit approvisionnement.

4° 4,000 obus sphériques de 22, de 16, de 15 et de 12;

5° Et 200 boîtes à mitraille de tous calibres.

Tout le reste des projectiles n'a pas été employé.

La plupart, au surplus, ne pouvaient avoir de destination qu'en cas d'assaut, et n'avaient été approvisionnés que pour cette éventualité.

Nous avons usé environ 210,000 kilogrammes de poudre.

Et enfin, sur les 5,000,000 de cartouches de l'approvisionnement, il en est resté :

1° Environ 1,000,000 p^r fusils à tabatières.
2°   »   880,000 »   »   chassepots.
3°   »   2,000,000 »   »   pistons.

Ensemble. 3,800,000.

En sorte qu'on a brûlé, en définitive, 1,200,000 cartouches.

Mortalité. — Épidémies. — Évacuation des malades.

I.

Nous avons expliqué, dans le cours de cette relation, que la garnison de la place, au jour de son investissement, s'élevait à 16,000 hommes.

12,000 environ ont quitté la Ville lors de la reddition.

Les 4,000 restant étaient donc, ou morts ou disparus, ou encore malade à la fin du siége.

Nous allons faire connaître, d'abord, quel a été le chiffre des déclarations de décès faites à la Mairie, tant pour la garnison quel pour les habitants.

Étant énoncé que le chiffre moyen des décès dans la ville de Belfort, pour une armée ordinaire, est de 200 environ.

La totalité des décès de l'année 1870 s'est élevée à 680, dont, savoir :

Jusqu'au 1er novembre (par suite du grand

rassemblement de troupes), à........ 293

    Pendant le mois de novembre, à... 95

    Et pendant le mois de décembre. à. 292

              Total égal....... 680

En ne prenant que le chiffre des décès des mois de novembre et de décembre, on obtient celui de.............. 397

    Les déclarations du mois de janvier 1871 s'élevèrent à.... 569

    Et celles de février, jusqu'au 18, à.................... 252

           Ensemble...... 821   821

           Total des décès. 1218

Dans certains jours, il y eut jusqu'à 34 déclarations. Les bureaux de la Mairie n'ont jamais interrompu leur service, — successivement installés dans leurs locaux ordinaires, puis au greffe du Tribunal civil, et enfin dans un des caveaux de l'Hôtel-de-Ville, au fur et à mesure des dangers et des accidents; ils ont suffi courageusement à cette lourde tâche.

Les 1218 décès ci-dessus constatés doivent être répartis de la manière suivante :

En ce qui concerne les décès militaires, ils sont établis dans le tableau ci-après :

7

Décès dans les hôpitaux militaires de l'Espérance et du faubourg de Montbéliard.

DATES.	Décès par suite de blessures.	Décès par suite de variole.	Décès par suite de fièvres typhoïdes.	Décès par suite de maladies diverses.	TOTAUX.
ANNÉE 1870.					
Du 1er novembre au 30 inclusivement. .	12	27	16	13	68
Mois de décembre. .	60	89	45	15	209
Janvier 1871. .	124	87	118	51	380
Du 1er février au 18. .	56	18	47	20	141
TOTAUX. .	252	221	226	99	798
Apportés morts aux deux hôpitaux. .	99	5	2	2	108
TOTAUX GÉNÉRAUX.	351	226	228	101	906

Au chiffre total des déeès militaires s'é-
levant, ainsi qu'on vient de l'établir, à   906
Si l'on ajoute celui de 50, nombre
des soldats décédés dans les ambulances de la Ville..................   50
                                        ___

      On obtient un total...   956
                                        ___

La totalité de la mortalité, tant civile que
militaire s'étant élevée à...........   **1218**
Si l'on en retranche les décès militaires   956
                                        ___

Il reste pour la population civile..   262
                                        ___

Dans ce chiffre le nombre des habitants
tués par le feu de l'ennemi s'élève de 45
à 50.

II.

Les décès les plus nombreux furent
causés , d'abord par la variole qui sévit
cruellement jusqu'au milieu du mois de
janvier surtout, et ensuite par la fièvre typhoïde qui régna pendant toute la durée du
siége.

Nous constatons ici , comme point de
comparaison, qu'il y eut 40 naissances du
3 novembre 1870 au 18 février.

Et enfin qu'il ne fut contracté qu'un seul mariage pendant eette période.

Nous avons énoncé plus haut que le nombre des hommes morts, disparus ou encore malades, le jour du départ des troupes de la garnison, s'élevait à environ 4,000.

Ce chiffre se compose :

1° Du nombre des hommes morts dans les hôpitaux ou dans les ambulances, s'élevant, ainsi qu'on vient de le voir, à   956

2° Du nombre des malades qui se trouvaient encore dans la place après le 18 février, soit d'après des documents officiels.................... 1600

5° Et enfin du chiffre des hommes tués devant l'ennemi dont les déclarations de décès ont dù être faites directement dans les corps, et enfin, de ceux prisonniers ou disparus, évalués à..................... 1444

Total égal....... 4000

III.

Immédiatement après le départ de la garnison, on s'occupa de l'évacuation successive des malades qui étaient restés dans la place avec le personnel de l'intendance, des médecins militaires et des infirmiers.

Cette évacuation put se faire rapidement et dans de bonnes conditions, grâce à l'intervention de plusieurs sociétés internationales de secours aux blessés qui se multiplièrent pour nous être utiles. Il suffira de rappeler que plusieurs d'entre elles attendaient à nos portes la fin du siége, et entrèrent dans la Ville en même temps que l'ennemi. Et parmi celles-là, nous nous faisons un devoir de citer une société de Paris, représentée par M. le baron de Vaufreland qui était déjà dans notre cabinet à la Mairie, alors que les Prussiens défilaient à peine sur la place d'Armes.

Toutes ces sociétés nous ont donné, pendant cette guerre, tant de preuves de sympathie, de charité et de dévouement, qu'elles seront pour nous l'objet d'une reconnaissance éternelle.

IV.

Témoignages de reconnaissance de la ville de Belfort à la Suisse.

Le Conseil municipal a crû devoir adresser particulièrement à la nation Suisse l'expression de sa profonde gratitude dans la

délibération qu'il a prise à cet égard le 25
mars 1871.

Cette délibération est ainsi conçue :

M. le Maire dit au Conseil municipal qu'il croit répondre à ses désirs les plus vifs, en proposant de
manifester, au nom de la population tout entière de
Belfort, les sentiments de profonde reconnaissance
pour les Suisses, ces généreux et bons voisins, qui ont
rendu de si grands services à la Ville, et ont su, dans
ces douloureuses circonstances, multiplier des preuves de leur profonde sympathie.

Le Conseil tout entier, et profondément ému, déclare, au nom de la Ville, que jamais on n'y oubliera
tout ce qui a été fait par la Suisse pour Belfort, soit
pendant le siége, alors que dirigée par le même
grand sentiment d'humanité qui l'avait fait aller au
secours des malheureux habitants de Strasbourg,
cette noble nation a multiplié toutes les démarches
possibles pour obtenir la sortie des femmes et des
enfants, et leur assurer une entière hospitalité ; soit
depuis la cessation des hostilités, quand de grands
citoyens, des villes, des villages, des associations, des
sociétés du pays ont prodigué des secours à la Ville
et aux campagnes environnantes.

Il charge M. le Maire de transmettre et de faire
connaître l'éclatant témoignage qu'il rend, au nom
de la Ville, de sa profonde reconnaissance.

Le Maire s'est empressé d'adresser cette
délibération à notre ambassadeur à Berne,
qui l'a transmise au gouveruement suisse,
en y joignant l'expression des sentiments de
reconnaissance de toute la France.

DÉSASTRES CAUSÉS PAR LE BOMBARDEMENT

Nous croyons devoir continuer notre tâche douloureuse en faisant connaître les désastres que le siége de Belfort a causés à la Ville et dans les villages voisins qui avaient le triste honneur de se trouver sous le feu de la place.

Nous donnerons plus loin l'évaluation du chiffre de ees dommages.

§ Ier.

MAISONS ATTEINTES PAR LES PROJECTILES.

Le nombre des maisons de la Ville, au commencement du siége, était de 700, dont:

Pour l'intérieur de la Ville........ 253
Et pour les faubourgs............ 447

Total égal......... 700

Eglise paroissiale.

Avant de parler de nos autres désastres, il faut citer, en première ligne, ceux éprouvés par notre Église paroissiale qui, dès le premier jour du bombardement, parut servir de point de mire à l'ennemi, notamment pendant les heures présumées des offices, et qui fut cruellement mutilée jusqu'aux derniers moments du siége.

Elle a été outrageusement criblée par plus de 1500 projectiles.

Le chiffre de ses réparations s'élèvera au moins à la somme de 150,000 francs.

Les plus urgentes de ces réparations sont, en ce moment, celles de la couverture et de la clôture de l'édifice, qui est complètement à jour et exposé à toutes les intempéries. Le toit est percé en mille endroits. Il ne reste plus une seule vitre. Bien que l'extérieur ait plus souffert que l'intérieur, nous y avons cependant à constater les dégâts suivants :

Les deux vitraux remarquables qui la décoraient ont été brisés. L'horloge, œuvre de Schwilgué, auteur de l'horloge de la cathédrale de Strasbourg, est complètement hors de service. L'orgue, dont on admirait la puissance et l'harmonie, est en partie détruit. Enfin les deux tableaux, de M. Gustave Dauphin, notre compatriote, qui faisaient l'ornement de notre malheureuse église, représentant l'un, la *Mise au Tombeau*, et l'autre *Saint-François-Xavier*, ont été traversés par des éclats d'obus.

Quant à l'extérieur de l'édifice, il a dû être étançonné en plusieurs parties qui menaçaient ruine.

Nous sommes heureux d'annoncer que nous espérons pouvoir faire encore, dans le courant de cette année et avant la mauvaise saison, les réparations les plus nécessaires qui permettront au moins de rendre l'église complétement au culte, sans danger pour la santé des fidèles.

Des sommes, relativement importantes, nous sont adressées de tous les points de la France pour cet objet. Son Excellence le cardinal Mathieu, nous annonce une somme de 20,000 francs au moins qu'il recueillera dans son diocèse. M. le ministre de l'Instruction publique et des Cultes nous a avisé de l'envoi d'une pareille somme. M. l'abbé Mittelheiser, l'un de nos vicaires, a entrepris une quête, principalement dans les départements du Midi. Elle paraît devoir être très fructueuse. Enfin, nous recevons différents dons particuliers, parmi lesquels nous nous plaisons à citer, au risque de blesser la modestie de son donateur, le plus important de tous, celui d'une somme de 3,000 francs qui nous a été remise par M. Juvénal Viellard, notre compatriote et ancien député.

Maisons de l'intérieur de la Ville.

De toutes les maisons de l'Intérieur de la ville, il n'en est peut-être pas une qui n'ait été plus ou moins atteinte par les projectiles ennemis.

Celles qui ont le plus souffert sont :

1° Pour les établissements publics :

La sous-préfecture ,

Les casernes ,

La prison ,

L'hôtel-de-ville ,

La maison de l'école communale des filles et le collége communal.

2° Et pour les maisons particulières :

La maison de M. Mény , maire , Place d'Armes, dont la façade a été complètement démolie.

Celle de Mlles Antonin, Place d'Armes.

»	de Mme	Marie,	»
»	de M.	Grosborne,	»
»	de M.	Nizole,	»
»	de M.	Laroyenne,	»
»	de M.	Parisot,	»
»	de M.	Menétré,	»
»	de M.	Lang,	»
»	de M.	Vaurs,	»
»	de M.	Lardier.	»

DANS LA GRANDE RUE :

Les maisons Dumas, Ratte, Couthrut, Menétré, Sibre, Lebleu, Keller, Pequignot, Hermann, Blondé, Wasmer, Laurent et Vouzeau,

DANS LA RUE DU MANEGE :

Les maisons Menétré, Lejeune, Goffinet, Duquesnoy, Touvet, Netzer, Dépierre et Stainacre.

RUE DES ARMES :

Les maisons du commandant de place et de M. Saglio.

RUE GRANDE FONTAINE :

Les maisons Fournier, l'ancienne maison Gauvin, Brunschwick, Traut, Poulain, Lévy, Amet, Jamais, Bardy et Beloux.
Celle de M. Wasmer, rue de l'Étuve, et toutes celles de la rue du Pavillon.

Maisons atteintes dans les faubourgs.

Les faubourgs qui ont eu malheureusement à déplorer un plus grand nombre d'incendies, ainsi qu'on le verra ci-après, eurent, en général, moins de maisons atteintes que dans l'intérieur de la Ville.

Les faubourgs des Ancêtres, des Vosges, du Magasin et des Forges, furent presque complètement préservés.

Voici les noms des maisons qui ont le plus souffert dans les autres faubourgs :

FAUBOURG DE MONTBÉLIARD.

L'hôpital militaire.

Et les maisons Meillière, L'Homme, Lang, Beccary, Meigret et Gravier.

RUE DE L'ENTREPOT ET AVENUE DE LA GARE

Les maisons Mermet, Valet, Vernier et Patris.

Les bâtiments de la gare ont heureusement peu souffert relativement, en sorte que le service a pu être réorganisé quelques jours après la reddition de la place.

DANS LE FAUBOURG DE FRANCE.

Les maisons de MM. Xavier Lebleu, Brun, Rochet, Ehret, Cusin, Perron, Houbre et Martzloff.

FAUBOURG DE LYON.

Celles de M. Sibre et de la veuve Grisez.

Et enfin dans le faubourg de Brisach les maisons Simon-Lambolet.

FAUBOURG DU FOURNEAU.

Le faubourg du Fourneau est celui qui a été le plus cruellement atteint, par suite de son voisinage du Château et des Basses-Perches.

Les maisons qui ont été le plus éprouvées sont celles de MM. Beuglot, Pierre, Weiss, Simon, Dischler, Ravy, Villien, Selteinsperger, Mermet, frères et sœurs, Viney, Mayer, Herbelin, tanneur, Klein, Tavel, Marconnot, Marchand, Bruty, Blanchet, Viney, Bontemps, Vernier, Laurent, Pequignot, Mermet(Pierre), Millet, Gevin, Marie, Beuret, Malin, Grillon, Beuglot (Dominique), Lindeberg, Mestre, Abram, Mermet (Julie), Genty, Blache, Viney père et Roux.

§ II.

MAISONS INCENDIÉES.

Grâce aux mesures de précautions qui avaient été prises par la municipalité, ainsi qu'on l'a vu dans le cours du présent travail, grâce surtout au courage et au dévouement des pompiers et de certains habitants,

8

le nombre des incendies ne fut pas aussi grand qu'on avait pu le craindre, au commencement du siége.

Il s'éleva à 34, dont voici le détail :

DANS LA VILLE.

Le magasin à fourrages, le théâtre et le bâtiment de l'école communale des filles, rue de l'Étuve.

DANS LES FAUBOURGS.

1° FAUBOURG DE FRANCE.

Les maisons de MM. Canet aîné, Houbre et Rochet.

2° FAUBOURG DE MONTBÉLIARD.

Les maisons de MM. Lang frères, Beccary, Canet aîné et Caburet.

3° FAUBOURG DES BARRES.

Les maisons de Mme veuve Willemé, de Mme veuve Besancenez, de MM. Blondot, Zenner et Juster.

4° FAUBOURG DE LYON.

Celles de MM. Valet, Jacquemain-Gasner, Klopfstein, Antonin et Muller.

5º FAUBOURG DU MAGASIN.

La maison de M. Xavier Grille.

6º AU FOURNEAU.

Les maisons Beuglot frères, Voiland, Ravy, Bouillard, veuve Schouler, Bourquin, Beaumlé, Bomsel, Viney (Jean-Claude), Herbelin, teinturier, Vernier et Pierre.

§ III.

MAISONS DÉMOLIES PAR LE GÉNIE MILITAIRE.

A toutes les maisons incendiées ou à moitié détruites par les projectiles, il faut ajouter celles que le génie militaire, appliquant une loi rigoureuse, a cru devoir démolir dès le premier jour, où l'on a pu craindre que Belfort fût assiégé.

Ces maisons, dont la plupart avaient une certaine importance, sont au nombre de 22, savoir :

FAUBOURG DE MONTBÉLIARD.

Celles de MM. Fournier, Royer, Fiereck, Deflue, Dépierre, André et Poisat.

FAUBOURG DE FRANCE.

Celle de M. Meillière, de la Compagnie du chemin de fer, et celles de MM. Girardot, Dolbeau, Courtot, Lindeberg, Schwob et le bâtiment du pont à bascule appartenant à la Ville.

FAUBOURG DES ANCÊTRES.

Les maisons de MM. Gourgeot, Lacour, Lhermé, Chaine, Les bâtiments du Tir et le bureau d'octroi.

ET ENFIN AU FOURNEAU.

La maison dite maison de l'Arquebuse, appartenant à M. Brunschwick.

A l'égard de ces démolitions par le génie militaire, nous croyous devoir émettre le vœu qu'à l'avenir cette loi implacable des servitudes ne soit plus mise en pratique, au moins dans de certaines conditions. Nous avons pu constater, quant à nous, combien ces mesures sévères si gênantes toujours, et comme, dans ce cas, si désastreuses pour les habitants, sont complètement inutiles pour la défense de la place, en présence de la portée actuelle des projectiles. Nous pouvons ajouter, en prenant pour point de comparaison, les lieux voisins des bâtiments démolis, (que le plus grand nombre n'auraient pas été atteints par le feu de l'ennemi.

Puissent-ils au moins, les malheureux propriétaires qui sont aujourd'hui à la recherche d'un abri, être largement désintéressés par le Gouvernement.

§ IV.

PROMENADES PUBLIQUES.

Nous venons de faire connaître, en partie, les dégâts causés aux maisons de la Ville et des faubourgs par le bombardement.

Nous devons y ajouter que, tant par suite du feu de l'ennemi, que pour les nécessités de la défense, la totalité des arbres de la promenade des faubourgs a disparu. En sorte que cette promenade, la seule fréquentée et qui offrît quelque agrément et quelque ombrage à la population, n'existe plus aujourd'hui.

En outre, les arbres séculaires qui bordaient l'entrée de la porte de France, et en faisaient une avenue majestueuse, ainsi que les grands arbres des glacis de la place, ont été coupés par le génie militaire.

Enfin, cinq de ceux de la promenade de

la Ville ont été brisés par les projectiles. Presque tous les autres ont reçu des éclats.

Quant aux jardins des divers faubourgs, quelques-uns ont été pillés ou dévastés pendant le siége et il n'existe plus, dans la plupart, ni arbres, ni palissades, ni clôtures.

L'aspect général de notre chère Ville a donc complètement changé aujourd'hui. Rien n'arrête plus les regards, depuis les faubourgs, d'où l'on aperçoit maintenant, sans obstacle, la Ville, qui était cachée auparavant par un rideau de verdure.

L'espace entre les faubourgs et la Ville n'est plus, en ce moment, qu'une plaine aride et désolée.

Mais, au-dessus de nos têtes, le Château, la vaillante forteresse mutilée, mais non rendue, montre fièrement ses milliers de cicatrices et de glorieuses blessures !

Et, à gauche, à l'horizon, la tour de La Miotte, qui de loin ressemble à une spirale, paraît chanceler, mais reste noblement debout. Elle sent qu'à sa destinée est attachée celle de nos habitants, qui se disent partout avec orgueil : *Enfants de La Miotte!* Comme elle, ils ont souffert ! Mais comme elle ils ont résisté et attendent !

§ V.

MAISONS INCENDIÉES DANS LES VILLAGES VOISINS.

Nous croyons devoir faire connaître également le nombre des maisons incendiées, soit par le feu de la place, soit par celui de l'ennemi, dans les villages qui ont eu le triste privilège d'être les plus rapprochés de nous, et avec qui nous devons être unis par une étroite solidarité d'intérêt, de misère et de souffrances communes.

Le nombre de ces maisons a été :

A   Essert,   de 34 ;
»   Bavilliers,   » 13 ;
»   Danjoutin,   » 27 ;
»   Perouse,   » 26 ;
»   Chèvremont,   » 16 ;
»   Vézelois,   » 15 ;
Au Valdoie,   » 14 ;
A   Denney,   » 16 ;
»   Bessoncourt,   »   3.

Évaluation des dommages.

§ Ier.

EN CE QUI CONCERNE LA VILLE.

Un travail sérieux et complet auquel viennent de se livrer les Membres du Conseil municipal, qui s'étaient, à cet effet, partagé la Ville par quartier, ainsi qu'une Commission spéciale désignée par M. l'Administrateur provisoire, a constaté que les pertes causées aux bâtiments communaux, et celles éprouvées par les habitants, par suite du bombardement, s'élèvent, savoir :

Pour les immeubles, à..   1,968,641 fr.

Et pour le mobilier, à...   794,231

Ensemble........   2,762,872

dans laquelle les bâtiments communaux entrent pour plus de 300,000 fr.

Dans ce chiffre ne se trouvent pas compris, bien entendu : 1° La valeur pouvant s'élever de 6 à 700,000 fr. des maisons abattues par le génie militaire pour la défense de la place, ainsi que celle de leur mobilier; 2° et le montant des dommages éprouvés par les bâtiments militaires appartenant à l'État,

tels que casernes, manège, hôpitaux, maga
sins, etc.

§ II.

EN CE QUI CONCERNE LES VILLAGES DU CANTON.

Nous croyons bien faire, à titre d'utiles
renseignements, de publier, dans le tableau
ci-après, l'état des pertes subies par toutes
les communes de notre canton, par suite
du bombardement ou de l'occupation allemande.

Les évaluations de ces pertes ont été faites dans les mêmes conditions et avec la
même régularité que pour la Ville :

Canton de Belfort.

DÉSIGNATION des COMMUNES.	Estimation en argent des réquisitions de toute autre nature.	Estimation en argent des dégâts et pertes par suite d'incendie ou autre cause.	Détail et valeur des titres meubles et autres objets mobiliers enlevés sans réquisition.	Total des titres meubles et autres objets mobiliers enlevés sans réquisition.
Andelnans . .	17,013	28,492	117	45,622
Argiésans. . .	20,083	38,607	193	58,883
Banvillars. . .	40,654	6,405	979	48,038
Bavilliers. . .	42,232	247,024	8,342	297,598
Bermont. . .	9,055	1,595	»	10,650
Botans . . .	14,306	8,194	1,034	23,534
Buc . . .	21,825	3,334	3	25,162
Charmois . .	7,329	3,197	»	10,526
Châtenois .	28,058	2,470	1	30,529
Chèvremont. .	35,457	85,959	4,320	125,736
Cravanche . .	3,830	15,452	294	19,576
Danjoutin. . .	58,164	163,970	27,299	249,433
Dorans. . . .	10,686	1,378	77	12,141
Eschêne – Autr.	8,653	465	»	9,118
Essert. . . .	36,703	175,595	72,739	285,037
Fontenelle . .	3,377	418	6	3,801
Meroux. . . .	33,707	27,742	739	62,188
Moval. . . .	12,628	4,138	33	16,799
Novillars. . .	12,218	1,371	»	13,589
Offemont. . .	33,177	12,816	1,866	47,859
Perouse , . .	49,391	238,192	1,147	288,730
Rechotte. . .	8,808	3,064	20	11,892
Roppe. . . .	50,943	37,522	2,983	91,448
Salbert. . . .	4,792	519	55	5,366
Sevenans . .	87,887	35,153	99	123,139
Trétudans. . .	34,437	4,368	785	39,590
Urcerey . . .	6,424	5,315	28	11,767
Valdoie . . .	15,194	144,161	7,119	166,474
Vetrigne. . .	344	341	28	713
Vézelois . . .	58,885	83,043	6,848	148,776
Vourvenans. .	9,823	429	»	10,252
	776,083	1,380,729	137,154	2,293,966

Il résulte donc, des renseignements que nous venons de donner, que les pertes de la Ville se sont élevées à..... 2,762,872 fr.

Et celles des communes du canton à............. 2,293,966

Total des pertes de tout le canton........ 5,056,838

Décorations et médailles militaires décernées aux habitants.

En présence des souffrances, des dangers et des malheurs de toute nature que nous avons eu à subir, c'est une consolation, en même temps qu'une gloire pour nous, que de publier les noms de nos compatriotes, qui, par suite de leur conduite, et des services exceptionnels qu'ils ont rendus pendant le siége, ont obtenu du Gouvernement des distinctions honorifiques.

PROMOTIONS ET NOMINATIONS DANS LA LÉGION D'HONNEUR.

A ÉTÉ PROMU OFFICIER :

M. Mény, Maire.

ONT ÉTÉ NOMMÉS CHEVALIERS :

§ Ier.

DANS L'ORDRE CIVIL.

MM. Vautherin, médecin;
Petitjean,   »
Bernard,   »
L'abbé Mitelheiser, vicaire de la Paroisse;
Lalloz, ancien maire;
Duquesnoy, secrétaire de la Mairie;
Stehelin, avocat.

§ II.

DANS L'ORDRE MILITAIRE.

MM. Deffayet, capitaine d'artillerie de la garde mobile;
Vallet, capitaine d'artillerie de la garde mobile;
Émile Triponé, lieutenant d'artillerie de la garde mobile.

ONT ÉTÉ DÉCORÉS DE LA MÉDAILLE MILITAIRE :

MM. Huntzbucher, adjudant de la garde nationale sédentaire;

Beck, sergent-major de la garde nationale sédentaire;

Bontemps, sergent-major de la garde
nationale sédentaire;

Meple ;

Meyer, amputé ;

Mathieu, amputé ;

Maré, amputé;

Ballet ;

Dépierre (Jean-Claude) ;

Sjimanoski;

Odendal.

(Tous faisant partie de la compagnie des
sapeurs-pompiers.)

MM. Montpellier, amputé, sergent de la
garde nationale mobilisée;

Perrin, adjudant-sous-officier dans
l'artillerie de la mobile ;

Cousin, maréchal-des-logis-chef dans
l'artillerie de la mobile.

Plusieurs de nos compatriotes, dons nous
sommes fiers, ont obtenu de pareilles distinctions pendant la guerre; mais on com-
prendra que notre relation doit s'arrêter à
celles décernées à Belfort, à l'occasion de
son siége.

Nous avons regretté que ces distinctions
n'aient pu être distribuées à un plus grand
nombre de nos amis qui ont fait bravement

8

leur devoir sous nos yeux. Mais nous avons regretté surtout, il faut avoir le courage de le signaler, que des récompenses aient été accordées à des hommes qui ont fui le danger et déserté leur poste. Que du moins la réprobation qui s'attache à leurs noms soit une consolation et un honneur pour les autres !

ÉPILOGUE

SITUATION ACTUELLE DE BELFORT

Son avenir.

I.

Ainsi que nous l'avons énoncé plus haut, nous avons eu la crainte terrible, au moment de l'entrée des troupes allemandes dans la place, que notre malheureuse Ville ne perdît sa nationalité. Les premiers jours de l'occupation, pendant lesquels nous avons eu un Directeur du Cercle, un Commissaire de police et des gendarmes allemands, nous avons été complètement sous la direction et sous la dépendance administrative de l'autorité étrangère.

Mais déjà, d'après les préliminaires de paix que l'Assemblée nationale a été obligée de subir à Bordeaux, Belfort fut réservée à la France. Ce fut notre première, notre plus précieuse récompense. Dès ce jour-là, nous restâmes Français.

Toutefois, ces préliminaires ne fixèrent pas notre frontière autour de la place. De là, d'abord, la prétention des Allemands de laisser notre Ville comme une enclave au milieu de leur nouveau territoire, et une enclave restreinte, au-delà du rempart, à la zone étroite des servitudes militaires. Mais, sur l'insistance de nos négociateurs à Bruxelles, cette prétention fut abandonnée, et nos limites reportées à 7 ou 8 kilomètres environ des deux frontières au nord et à l'est, au choix de la France.

Aux termes de l'option qui fut laissée à l'Assemblée nationale, elle pouvait, en avant de Belfort, reporter notre frontière jusqu'à la ligne des Vosges, rejoindre au nord le ballon d'Alsace, et garder sur ce point, avec 6,000 hectares, une population de 27,000 Français de plus.

Mais, en échange, elle devait céder sur la frontière du Luxembourg une longueur de 8 à 10 kilomètres, une superficie de 10,000 hectares et une population de 7,000 Français.

C'est sur ce terrain-là que la question fut présentée à l'Assemblée nationale, dans sa mémorable séance du 18 mai 1871, à laquelle nous avons eu la bonne fortune d'assister, ainsi que M. Viellard, ancien député,

et M. Charles Boigeol, fabricant à Giroma-
gny, qui, ainsi que nous, avaient été appelés à Versailles par M. le Ministre des affaires
étrangères, pour lui fournir, au besoin, des
renseignements sur cette question.

Les intérêts de Belfort et de son territoire, vivement attaqués, notamment par les
généraux qui siégeaient à l'Assemblée, furent
défendus, d'abord par M. le vicomte de
Meaux, dans son remarquable rapport qui
a mérité les applaudissements de toute la
Chambre, et, après lui, par M. Thiers, président du Conseil, chef du pouvoir exécutif,
et avec une conviction et un talent qui en-
traînèrent l'Assemblée ; l'article 2 du projet
portant ratification du traité avec l'empire
d'Allemagne fut, en conséquence, adopté à
la majorité de 433 votants contre 98.

Ce vote a donc laissé autour de Belfort :
1° le canton de Belfort; 2° celui de Giroma-
gny; 3° celui de Delle; 4° et celui de Fontaine, moins les communes de Bellemagny,
Bréchaumont, Bretten, Chavannes-s-l'Etang,
Saint-Cosme, Eteimbes, Montreux-Jeune et
Montreux-Vieux.

En échange nous avons reçu les communes de Leval, Petite-Fontaine, Romagny et
Rougemont, détachées du canton de Masse-
vaux; plus les communes de Chavannatte,

Chavannes-les-Grands et Suarce du canton
de Dannemarie.

La superficie de notre territoire est de
64,000 hectares, comprenant 60,356 habitants. Nous avons l'honneur d'être administrés en ce moment par M. Charles Lebleu,
qui a le titre d'Administrateur provisoire de
la zone française détachée du Haut-Rhin.

Quel sera maintenant l'avenir politique,
administratif et commercial de Belfort?

Dans la pensée de M. le Président du Conseil, chef du pouvoir exécutif, qu'il a bien
voulu nous exprimer à nous-même, dans
une audience où nous avons eu l'honneur
de pouvoir le remercier au nom de la Ville
des paroles éloquentes qui avaient décidé le
vote de la Chambre, il est question de faire
de Belfort un centre politique et administratif assez important. On a même agité la question de conserver notre autonomie, et de
faire de nous un département qui rappele-
rait les deux départements de notre glorieuse Alsace. Quelques personnes ont aussi
l'espoir de voir créer au milieu de nous un
lycée qui recevrait les élèves de nos malheureux départements annexés, et ferait ainsi
concurrence aux gymnases qu'est en train
d'organiser l'autorité prussienne. Nous
avons demandé également le transfert en

notre Ville de la succursale de la banque de
Mulhouse. Déjà la douane est venue s'installer à Belfort avec son nombreux personnel, et y a attiré un grand nombre de
commissionnaires venus de toutes les parties
de l'Alsace. Cette douane doit verser au Trésor des sommes considérables, 3,000,000,
dit-on, par an. De tous les côtés on nous
annonce l'arrivée de nouveaux habitants
qui ne veulent pas perdre leur nationalité.

Toute cette population nouvelle, tous ces
projets, toutes ces institutions, si elles se
réalisent, apporteront sans doute la prospé-
rité et le bien-être à Belfort. Mais, malheureusement, les locaux manquent déjà en ce
moment, et cette cause, quoique passagère,
a fait avorter bien des projets. Où loge-
rons-nous les administrations si notre
importance administrative vient à s'a-
grandir? Ne serait-ce pas le moment, avant
toute chose, de faire changer nos zones militaires et de demander au Gouvernement
l'autorisation de pouvoir bâtir sans entraves
et sans appréhensions surtout, pour le présent et l'avenir?

II.

Quel sera maintenant l'avenir militaire de

Belfort? Il ne m'appartient pas de le prévoir. Si cependant on en juge par son passé
glorieux, et par l'importance que l'Assemblée
nationale a attachée à la conservation d'un
territoire relativement important autour de
la place; si l'on considère surtout que notre forteresse est la seule qui reste aujour-
d'hui comme dernier rempart et comme dernière sentinelle de la France sur cette nouvelle frontière, on a lieu de supposer que
les circonstances lui réservent encore un
rôle important à remplir. Seule, de toutes
les villes de guerre de notre chère Alsace,
elle a eu l'heureuse fortune de rester française. Ce titre-là l'obligera doublement. Elle
ne l'oubliera pas ; pas plus qu'elle n'oubliera
jamais les malheureux compatriotes dont
elle vient d'être séparée, et vers lesquels se
reporteront sans cesse ses regrets, ses souvenirs et ses plus chères espérances !

Appel au Gouvernement.

En terminant ce travail que nous avons
cherché à faire consciencieusement, nous
croyons devoir, au nom de nos compatriotes, dont les intérêts nous ont toujours été
si précieux, faire un appel au Gouvernement de la République, et de lui demander

comme un acte de justice, de venir en aide le plus tôt et le plus largement possible à. ceux qui ont tant souffert, sans jamais se plaindre, et qui ont su, par leur courage et leur dévouement au pays, lui conserver la ville de Belfort, à jamais glorieuse et honorée.

Belfort, la vaillante, dont le siége restera l'honneur de la France, après avoir été le rempart qui a protégé la Franche-Comté et le Midi des horreurs de l'invasion !

Belfort, restée debout, invaincue et française, après avoir eu la suprême consolation et le suprême honneur de tirer le dernier coup de canon pendant cette malheureuse guerre !

Belfort, près de quatre mois investie, et bombardée sans relâche et sans merci pendant 73 jours !

Belfort, aujourd'hui réduite à ses dernières ressources, a le droit de se dresser avec orgueil du milieu de sa ruine, et de faire glorieusement à tous l'aveu de sa misère !

Elle a droit de montrer fièrement aux sympathies généreuses de la France et de toutes les Nations les nombreuses blessures qu'elle porte sur ses murailles !

Trouée, hachée, déchiquetée comme le

navire qui rentre au port, après le combat, tout démâté, mais qui porte encore intact à sa proue le noble drapeau du pays, elle a besoin, comme lui, d'être remise en état de pouvoir reprendre bientôt la mer !

Elle demande donc que le Gouvernement, et que tous ceux qui ont moins souffert l'aident dans la mesure de leurs ressources à restaurer ses maisons et ses édifices !

Puisse notre appel être entendu ! Et puissions-nous bientôt, mes chers Compatriotes, relevés de tous nos désastres, attendre avec calme et dignité, et dans une douloureuse résignation, des jours meilleurs et l'heure solennelle de la réparation, qui sonnera sans doute un jour pour nous ou pour nos enfants ! ! !

Belfort, le 1er août 1871.

TABLE DES MATIÈRES.

——oo⚬⚬⚬oo——

BELFORT — IMPRIMERIE CLERC.

www.ingramcontent.com/pod-product-compliance
Lightning Source LLC
Chambersburg PA
CBHW071959090426
42740CB00011B/2001